AIDE-MÉMOIRE

A L'USAGE

DES JUGES DE PAIX

ET DES

GREFFIERS DE JUSTICE DE PAIX

PAR

MM. LOUIS ET CHARLES MILLION

CINQUIÈME ÉDITION
ENTIÈREMENT REFONDUE
ET CONSIDÉRABLEMENT AUGMENTÉE

PARIS
AU BUREAU DES ANNALES DES JUSTICES DE PAIX
RUE GUÉNÉGAUD, 27

1879

AIDE-MÉMOIRE

A L'USAGE

DES JUGES DE PAIX

ET DES

GREFFIERS DE JUSTICE DE PAIX

PARIS. — TYPOGRAPHIE A. HENNUYER, RUE D'ARCET, 7

AIDE-MÉMOIRE

A L'USAGE

DES JUGES DE PAIX

ET DES

GREFFIERS DE JUSTICE DE PAIX

PAR

MM. LOUIS ET CHARLES MILLION

CINQUIÈME ÉDITION

ENTIÈREMENT REFONDUE

ET CONSIDÉRABLEMENT AUGMENTÉE

PARIS

AU BUREAU DES ANNALES DES JUSTICES DE PAIX

RUE GUÉNÉGAUD, 27

1879

PRÉFACE

DE LA PREMIÈRE ÉDITION.

Nous n'avons pas eu la prétention de faire un traité *ex professo* des attributions ni des matières concernant les juges de paix et les greffiers de justice de paix. Notre but a été simplement de condenser et de résumer en un petit volume les notions indispensables aux fonctions si variées et si importantes de ces magistrats. Le juge de paix le plus érudit peut, à chaque instant, avoir besoin de se remettre en mémoire la date d'une loi ou le numéro d'un article qu'il lui importe de consulter ; nous n'avons pas eu d'autre ambition que de lui économiser du temps en facilitant ses recherches.

PRÉFACE

DE LA CINQUIÈME ÉDITION.

Le succès inespéré de ce petit livre nous a engagé à le compléter et à y ajouter tous les renseignements qui nous ont paru présenter un véritable intérêt pour les magistrats cantonaux. Toutefois, nous avons cru devoir rester dans les limites mêmes de notre première idée et nous n'avons perdu de vue ni notre point de départ ni notre programme si bien exprimé dans la préface qui précède. Aussi pouvons-nous affirmer que ce livre est toujours le même, qu'il a le même but, qu'il tend au même résultat, et qu'il présente les mêmes facilités pour les recherches, bien que le cadre en ait été élargi.

ORGANISATION DES JUSTICES DE PAIX, INSTITUTION, FONCTIONNEMENT.

GÉNÉRALITÉS.

JUGES DE PAIX ET SUPPLÉANTS DE JUGES DE PAIX.

Institution des justices de paix. Les justices de paix ont été créées par la loi du 24 août 1790, tit. III, et organisées par différentes lois, notamment par la loi du 8 pluviôse an IX, qui a déterminé la population et la grandeur territoriale moyennes des circonscriptions cantonales. — Il y a, dans chaque canton, un juge de paix. Loi du 24 août 1790, tit. III, art. 1er.

Chaque juge de paix a deux suppléants qui remplissent ses fonctions en cas de maladie, absence ou autre empêchement (L. 29 vent. an IX art. 4). — C'est toujours le premier suppléant qui doit être appelé à remplacer le juge de paix absent, de préférence au second (Décis. minist. justice 13 juillet 1833 ; Décis. minist. 18 août 1836). —Un juge suppléant peut remplir toutes les fonctions que remplirait légalement le juge titulaire empêché, soit en matière d'attributions générales, soit en matière d'attributions spéciales. Décis. minist. 24 sept. 1821.

Il y a présomption d'empêchement du juge titulaire toutes les fois que le suppléant fait l'un des actes de la justice de paix (Cass. 6 avril 1819). — Cependant, pour plus de régularité, il est prudent que l'empêchement soit toujours juridiquement constaté. Bost, *Correspondant*, 1856, p. 118.

Nomination des juges de paix. Les juges de paix sont nommés par le chef de l'État (Charte 1830, art. 48; Constit. 4-10 nov. 1848, art. 85; Constit 14 janv. 1852, art. 7 et 56; Constit. 25 fév. 1875). — Ils ne sont pas inamovibles. Charte 1830, art. 52.

Conditions requises pour être juge de paix. Il faut avoir trente ans accomplis pour pouvoir être nommé juge de paix ou suppléant d'un juge de paix. Constit. 5 fruct. an III, art. 209; L. 27 vent. an III, art. 4; L. 16 vent. an XI, art. 1.

En Algérie, il suffit d'avoir vingt-cinq ans révolus, mais les juges de paix doivent être licenciés en droit. Ord. 8 octobre 1842.

Les dispositions de loi qui prohibent la parenté entre les magistrats d'un même tribunal ne sont pas applicables aux justices de paix. Les juges de paix et leurs suppléants peuvent donc, sans inconvénients, être parents entre eux. Ils n'exercent en effet jamais ensemble leurs fonctions (Circ. minist. 14 juillet 1846; Circ. minist. 18 juill. 1849). Il en est de même entre le greffier et son commis, ils peuvent être parents ou alliés entre eux (Circ. minist. 9 avril 1856); mais les greffiers ne peuvent être parents ni du juge de paix ni des juges suppléants. Décis. minist. 8 nov. 1832.

Services militaires. Les juges de paix qui, par leur âge, appartiennent à la réserve de l'armée active ou à l'armée territoriale, sont classés parmi la catégorie des militaires non disponibles, dès qu'ils ont trois mois de fonctions (Décis. minist. 29 mai 1876; Décis. minist. 26 oct. 1877); leurs noms sont inscrits sur les contrôles spéciaux tenus par le bureau du chef-lieu du corps d'armée. Chaque non-disponible reçoit, en échange de son livret individuel, un certificat d'inscription sur les contrôles de la non-disposition (Décis. 26 oct. 1877); en cas de mobilisation, les non-disponibles conservent leur emploi et restent à leur poste, où ils attendent les ordres de l'autorité militaire (Circ. départ. de la guerre, 10 avril 1875; Décis. 29 mai 1876). — Les suppléants rétribués d'Algérie sont en tout point, eu égard à l'indisponibilité, assimilés aux juges de paix; mais les suppléants des justices de paix de France ne sont classés, parmi les non-disponibles, que pour l'armée territoriale et la réserve. Décis. minist. 26 oct. 1877.

Incompatibilités. Les fonctions de juge de paix sont incompatibles avec celles de maire ou d'adjoint (L. 5 mai 1855, art. 5); de membre des conseils municipaux dans son canton (L. 14 avril

1871, art. 5); de membre des conseils généraux également dans son canton (L. 26 juill. 1870, art. 4; L. 29 mars-4 avril 1871, art. 3; L. 10 août 1871, art. 8, § 4); de préfet et de sous-préfet, de membre de l'administration forestière, de receveur de l'enregistrement, d'employé dans le service des postes, messageries et douanes; les juges de paix ne peuvent non plus remplir des fonctions publiques sujettes à comptabilité pécuniaire (L. 24 vendém. an III, art. 1 et 2); ni être conseillers de préfecture, ni notaires (Décr. 1er brum. an II; L. 24 vendém. an III, art. 2; L. 25 vent. an XI, art. 7); ni ecclésiastiques (L. 11 sept. 1790, art. 2); ni avocats (Décis. minist. 5 juill. et 1809; Circ. minist. 27 juin 1818; Ord. 20 nov. 1822, art. 42); ni instituteurs salariés par l'Etat (L. 24 vendém. an III); ni être membres de la cour de cassation, ni juges des tribunaux civils de première instance, ni être membres des cours d'appel, des tribunaux criminels, ni juges d'un tribunal de commerce, ni procureurs de la République, ni greffiers d'aucun tribunal, ni commis greffiers salariés, ni avoués, ni huissiers (L. 24 vendém. an III, art. 2; L. 6-27 mars 1791, art. 1er; Décis. 13 oct. 1825); ni syndics de faillite (Décis. minist. 30 nov. 1830); ni jurés (L. 4 mai, 10 juin 1853, art. 3; C. inst. crim. art. 383); ni experts-arpenteurs (Lett. minist. 21 mars 1812); ni médecins (Décis. minist. 25 avril

1840 ; Circ. minist. 16 août 1848); ni commerçants (Décis. 31 déc. 1849); ni membres des bureaux d'assistance judiciaire. L. 22 janv. 1851, art. 2, § 3; note minist. du 30 déc. 1877.

Les mêmes causes d'incompatibilité n'existent pas entre toutes ces fonctions et celles de suppléant de juge de paix; ainsi il est certain que le suppléant du juge de paix peut être maire ou adjoint au maire (Décis. 13 août 1818, 11 août 1821 ; Lett. minist. 12 juin 1832; Décis. 7 juin 1824); il peut être notaire (Décis. 20 germ. an XIII; Lett. minist. 14 juin 1827); avoué (Décis. 24 pluviôse an XIII); membre d'un tribunal de commerce (Décis. minist. 7 juill. 1845); agent voyer (Décis. minist. 24 nov. 1829); juré (Cass. 1er oct. 1846); conseiller général. Rapport sur la loi du 10 août 1870.

Actes interdits. — Achats de droits litigieux. — Défense de parties. — Immixtion dans les fonctions administratives. — Excès de pouvoir. Les juges, leurs suppléants, les greffiers ne peuvent devenir cessionnaires de procès, actions et droits litigieux, qui sont de la compétence du tribunal dans le ressort duquel ils exercent leurs fonctions, à peine de nullité des dépens et dommages et intérêts. C. civ., art. 1597; Lyon, 10 juill. 1839; Duvergier, t. I, nº 196.

Les juges titulaires ne peuvent accepter la défense d'aucunes parties; ils ne peuvent défendre verbalement ou par écrit, que les causes qui les concernent personnellement ou celles de leurs femmes, de leurs parents ou alliés en lignes directes ou de leur pupille. C. proc. civ., art. 86.

Les fonctions judiciaires étant distinctes et séparées des fonctions administratives, les juges de l'ordre judiciaire ne peuvent, à peine de forfaiture, troubler de quelque manière que ce soit, l'action des autorités administratives, ni citer devant eux les administrateurs pour raison de leurs fonctions. L. 16-24 août 1790, tit. II, art. 13; L. 16 fruct. an III; C. pén., art. 127, n° 2.

Les juges de paix doivent, non-seulement s'abstenir des actes qui empiéteraient sur les attributions d'une autre juridiction, mais encore de tous ceux qu'il ne serait pas permis à aucune juridiction de faire. L. 27 vent. an VIII, art. 80.

Installation des juges de paix. Dès que le serment a été prêté devant le tribunal civil du ressort dans lequel se trouve la justice de paix, le juge de paix peut entrer en fonctions. Aucune formalité n'est requise pour l'installation, cérémonie qui d'ordinaire se fait avec une entière simplicité. L'un des suppléants tient l'audience, fait donner lecture du décret de nomination, du procès-verbal de prestation de serment et proclame le titulaire installé. Dans bien des cantons cette solennité est encore plus simplifiée : le juge de paix s'installe lui-même en prenant possession de son siége, mais il convient de dresser procès-verbal de l'installation et d'en envoyer un extrait au parquet. A. Carré, CODE ANNOTÉ DES JUGES DE PAIX, p. 657.

Les juges et suppléants qui ne se font pas installer dans le mois à compter du jour de leur nomination peuvent être réputés démissionnaires (Décis. minist. 26 vendém. an IX). — En aucun cas, il ne doit être fait de discours lors de l'installation des juges de paix et de leurs suppléants. Circ. minist. 30 octobre 1849; Décis. minist. 7 sept. 1877.

Prestation de serment des juges de paix. Les juges de paix et leurs suppléants, avant d'entrer en fonctions, prêtent serment devant le tribunal civil de première instance du lieu où est situé leur siége. L. du 24 mess. an XII, art. 2.

Le serment professionnel est ainsi formulé :

« En présence de Dieu et devant les hommes, je jure et promets en mon âme et conscience de bien et fidèlement remplir mes fonctions, de garder religieusement le secret des délibérations et de me conduire en tout comme un digne et loyal magistrat. » L. 9-11 août 1849.

Les prestations de serment des juges de paix sont exemptes de la formalité et du droit d'enregistrement (Décis. 28 vent., 8 germ., 28 flor., 19 prair. an X; Instr. génér. 3 fruct. an XIII, n° 43).— Envoi devra être fait à la chancellerie du procès-verbal de prestation de serment. Quand on adressera à la chancellerie le procès-verbal de prestation de serment d'un juge de paix ou d'un suppléant, on devra joindre à l'envoi le type de la signature du magistrat. La signature devra être très-lisible. Circ. minist. 21 mai 1861.

Costume des juges de paix, des suppléants de justice de paix et des greffiers de justice de paix. Les juges de paix et les greffiers de paix portent dans l'exercice de leurs fonctions le même costume que les juges et greffiers des tribunaux de première instance (Décr. 2 niv. an XI, art. 7). Ce costume est pour les juges de paix : aux audiences ordinaires : simarre et toge de laine noire à grandes manches, ceinture de laine noire pendante, toque de laine noire unie bordée de velours noir, cravate tombante de batiste blanche, plissée, cheveux longs ou ronds; aux audiences publiques et solennelles, même costume avec les modifications suivantes : une simarre de soie noire, une ceinture de soie couleur bleu clair à franges de soie, un galon d'argent au bas de la toque. Le costume des greffiers est en tous points semblable à celui des juges, mais leur toque ne doit pas avoir de galon d'argent. Décr. 2 niv. an XI, art. 4.

Pour les actes extérieurs de leurs fonctions, tels que descentes de justice, transports, sommations, etc., les juges de paix et leurs suppléants portent une ceinture en soie orange à glands de soie verte, petite torsade (modèle n° 7). Décr. 18 juin 1852, art. 3.

Mais les juges de paix n'ont pas le droit de porter le costume de ville des magistrats des tribunaux supérieurs. Circ. minist. 25 nov. 1853.

Timbres et sceaux. Tous les actes de la justice de paix doivent être revêtus du sceau ou timbre humide portant l'empreinte officielle et le nom du canton auquel il appartient. Le sceau du juge de paix, comme celui de toute autorité publique, se place ordinairement sur un acte dans la marge correspondante à la signature de cette autorité (*Dict. gén. des just. de paix*, 3e édit., t. V, p. 41). — Les juges de paix emploient aussi des sceaux ou timbres secs pour l'apposition des scellés et pour cacheter leur correspondance. Si les sceaux qu'ils emploient pour les scellés portent des empreintes particulières différentes des types officiels, il doit en être déposé une épreuve au greffe du tribunal civil de première instance (C. proc. civ., art. 908). — Les sceaux en usage dans une justice de paix doivent légalement rester au siége de la justice de paix sous la surveillance expresse du juge qui doit les mettre à la disposition du greffier (Augier, 1832, p. 10). — Le type officiel des sceaux et timbres dont se servent les juges de paix est gravé par les soins et sous la direction du graveur général de la Monnaie. Décr. 2 nov. 1852, art. 3.

Discipline. Les juges de paix sont placés, comme

tous les corps judiciaires, sous la surveillance du garde des sceaux (Décr. 27 avril-25 mai 1791, art. 5, § 1; Sénatus-consulte 16 therm. an X, art. 81), mais, outre cette surveillance générale, ils sont soumis, et à celle des tribunaux civils de première instance qui sont investis du droit de punir disciplinairement les magistrats qui s'écartent de leurs devoirs (Sén. cons. 16 therm. an X, art. 83; L. 20 avril 1810, art. 52) et à celle du procureur général. L. 20 avril 1810, art. 45; C. inst. crim., art. 279 et 479.

Les peines de discipline pour les magistrats sont : la censure et la suspension prononcées par la cour de cassation; 2° la censure simple; 3° la censure avec réprimande; 4° la suspension provisoire prononcée par le tribunal civil en chambre du conseil ou par la cour d'appel.—L'avertissement n'est pas une peine de discipline; c'est une mesure préventive de toute peine, un acte secret et paternel du magistrat supérieur envers un officier de justice qui suit une fausse direction. Il s'applique aux écarts légers, mais blâmables. Si ces faits se renouvellent, il y a lieu à l'application des peines de discipline. Les fautes graves doivent être réprimées par des peines disciplinaires, sans être précédées de l'avertissement. Arrêté 16 therm. an X; L. 2 avril 1810, art. 49, 50 et 56; Circ. minist. 12 déc. 1821.

Résidence des juges de paix et de leurs

suppléants. Les juges de paix sont tenus de résider dans le canton où ils ont été nommés. Décr. 11 sept. 1790, art. 3; Lett. minist. 15 juillet 1825; Lett. minist. 30 août 1825.

Tout juge de paix qui, après sa nomination, ne résiderait pas dans le canton, est averti par le procureur de la République d'avoir à y fixer son domicile dans le mois de l'avertissement; passé ce délai, il est considéré comme démissionnaire, et il est pourvu à son remplacement. — Il en est de même des suppléants. L. 28 flor. an X, art. 8.

Si un juge de paix a établi sa résidence dans une commune autre que le chef-lieu de canton, il peut, lorsqu'il est délégué par le juge d'instruction, procéder chez lui à l'audition de témoins, pourvu que ceux-ci ne reçoivent pas une indemnité plus forte que celle qui leur serait allouée au chef-lieu. Décis. minist. 9 mars 1821.

On ne doit pas considérer comme cessation de résidence d'un juge de paix les absences régulièrement autorisées. L. 28 flor. an X, art. 9.

Congé des juges de paix, formalités, conditions. Les magistrats ne peuvent quitter leur poste sans congé, même pour se rendre auprès d'un parent gravement malade. S'ils s'absentent sans congé, ils s'exposent à être soumis à une retenue de traitement. L. 20 avril 1810, art. 48; Décis. minist. 5 nov. 1877.

Le juge de paix qui veut s'absenter de son canton, doit se munir d'un congé délivré : par le procureur de la République, si l'absence doit être moindre d'un mois,et par le ministre de la justice, si l'absence doit durer plus d'un mois. L. 28 flor. an X. art. 9 ; Ord. 6 nov. 1822 ; Circ. 10 juillet 1825.

Aucune loi n'accorde de vacances aux juges de paix (Circ. minist. 8 mars 1843) ; mais les juges de paix qui ne doivent pas jouir de vacances légales peuvent cependant obtenir, en une ou en plusieurs fois dans l'année, un congé d'un mois sans retenue de traitement ; que ce congé ait été obtenu pour maladie ou affaires personnelles, tout congé ultérieur doit donner lieu à retenue ; exceptionnellement, et en cas de maladie seulement, le congé sans retenue peut être porté à trois mois, mais, en aucun cas, le magistrat qui a obtenu un congé, même de moins de trente jours pour maladie, n'est fondé à prétendre qu'il a conservé son droit à un mois de congé sans retenue pour affaires personnelles (Décis. minist. 7 nov. 1877). — Les procureurs de la République excéderaient même leurs droits en accordant en une ou plusieurs fois par an aux juges de paix de leur arrondissement un congé de plus de trente jours. Décis. 25 avril 1878.

Dans tous les cas où un juge demande un congé, il doit justifier par un certificat du premier suppléant, et, à son défaut, du second suppléant, que le service public n'en souffrira pas. L. 28 flor. an X.

Lorsque les procureurs de la République délivrent un congé à un juge de paix, ils doivent en rendre compte, dans les trois jours, au ministre de la justice. Circ. 14 nov. 1856; Décis. minist. 28 avril 1878.

Tout congé doit énoncer l'époque à laquelle il commence et celle à laquelle il finit. Ord. 6-12 nov. 1822, art. 1 et 2.

Les suppléants des juges de paix ne doivent, comme les juges titulaires, s'absenter du canton qu'après avoir obtenu un congé régulier. L. 28 flor. an X, art. 9; Circ. minist. 8 mars 1842; Circ. parquet Seine 25 juin 1842 et 29 sept. 1842.

Remplacement des juges de paix. En cas d'empêchement légitime d'un juge de paix et de ses suppléants, le tribunal civil dans l'arrondissement duquel est située la justice de paix, renvoie les parties devant le juge de paix du canton le plus voisin. Ce jugement est rendu à la demande de la partie la plus diligente, sur simple requête et après les conclusions du procureur de la République, parties ouïes ou dûment appelées. L. 16 vent. an XI, art. 1 et 2.

Règlement de juges. Si un différend est porté à deux ou plusieurs justices de paix ressortissant au même tribunal, le règlement du juge doit être porté à ce tribunal; si les justices de paix relèvent de tribunaux différents, le règlement de juges doit être porté à la cour d'appel; si ces justices de paix ne ressortissent pas à la même cour d'appel, le règlement doit être déféré à la cour de cassation. C. proc. civ. art. 363; C. inst. crim., art. 526-540.

Renvoi. En matière criminelle, la cour de cassation peut, sur la réquisition de son procureur général ou sur celle de la partie intéressée, ordonner le renvoi pour cause de sûreté publique ou de suspicion légitime d'un tribunal de police à un autre. C. inst. crim., art. 542.

Prise à partie. Les juges de paix peuvent être pris à partie, comme tous autres magistrats, dans les cas prévus par l'article 505 du Code de procédure civile.

Traitement des juges de paix. Les juges de paix reçoivent un traitement de l'Etat.

Ce traitement court du jour de la prestation de serment. Décr. 30 janv. 1811, art. 27; Circ. minist. 21 avril 1819.

Celui des juges de paix démissionnaires ou admis à prendre leur retraite court jusqu'au jour de l'installation de leur successeur, s'ils continuent jusque-là l'exercice de leurs fonctions ou s'ils ne cessent de les remplir avant cette époque que pour cause d'infirmités graves et justifiées.

Sous le régime de l'art. 15 de la loi du 6-27mars 1791, le juge de paix qui était plus de huit jours consécutifs sans remplir ses fonctions, était tenu de remettre à l'assesseur qui l'avait remplacé une part proportionnelle de son traitement fixe. Maintenant il n'en est plus de même; le juge de paix qui s'absente, en vertu d'un congé régulier, ne perd aucune partie de son traitement, et le suppléant qui fait le service n'a droit à aucune indemnité. Inst. minist. 16 nov. 1822.

Aux termes d'une décision du ministre de la justice du 12 juin 1854, interprétative de la loi du 25 mai 1854, les suppléants, exerçant, en cas de vacances de places, ou autres, doivent toucher la totalité du traitement des magistrats qu'ils remplacent. Décis. minist. 26 mars 1860.

Les suppléants qui remplacent le juge dans les actes auxquels sont attribués des droits de transport, doivent recevoir ces droits de transport.

Fixation du traitement des juges de paix. Le traitement des juges de paix est ainsi fixé :

Les juges de paix, résidant dans les villes où siégent les tribunaux de première instance, reçoivent le même traitement que les juges de ces tribunaux. A Paris, les juges de paix reçoivent, en outre, une somme de 1500 francs par an, à titre d'indemnité, pour un secrétaire. L. 21 juin 1845, art. 2.

Dans les cantons composant les arrondissements de Saint-Denis et de Sceaux, le traitement des juges de paix est de 3600 francs. Même loi modifiée par l'ordonnance du 2 nov. 1846.

Dans les villes de 30 000 âmes et au-dessus, où il n'y a pas de tribunal de première instance, les juges de paix doivent recevoir un traitement de 3000 francs. Cette règle ne s'applique encore actuellement qu'aux juges de paix des cantons de Roubaix et de Tourcoing. Décr. du 12-19 août 1868, art. 2.

Dans les villes d'Arles, Cette, Mézières, le traitement des juges de paix est de 2700 francs. Dans celles d'Argelès, Boussac, Château-Salins, Commercy, la Palisse, la Tour-du-Pin, Mauléon, Poligny, et Puget-Theniers, il est de 2400 francs; dans les villes de 3000 âmes et au-dessus de population agglomérée et constatée dans les tableaux du dernier recensement, il est de 2100 francs. Décr. 22 sept. 1862, art. 4.

Dans les communes où la population agglomérée est inférieure à 3000 âmes, il est de 1800 francs. Décr. 26 sept. 1861 ; Décr. 22 sept. 1862.

En Algérie, le traitement des juges de paix diffère suivant leur compétence et la classe à laquelle ils appartiennent. — Les justices de paix sont en effet divisées en : justices de paix à compétence étendue et justices de paix à compétence restreinte. — Les justices de paix à compétence étendue comprennent quatre classes. Le traitement des juges de la première classe est de 4000 francs; celui des juges de la deuxième de 3500 francs; celui des juges de la troisième de 3000 francs; et enfin celui des juges de la quatrième de 2700 francs (Décr. du 6 avril 1877).

— Les justices de paix à compétence restreinte forment deux classes : à la première classe est affecté un traitement de 3 000 francs, à la deuxième 2 400 francs.

Ceux d'entre les juges de paix d'Algérie qui justifient de la connaissance de la langue arabe, ont droit de jouir des avantages attribués par le décret du 14 juin 1875 aux fonctionnaires de l'administration civile parlant cette langue. Décr. 10 juin 1876.

Le traitement des juges de paix, dans les colonies, est fixé par des décrets spéciaux.

Indemnité de transport des juges de paix. Autrefois les juges de paix avaient droit, lorsqu'ils se déplaçaient, à des vacations. La loi du 21 juin 1845, art. 1er, a supprimé le droit aux vacations, mais elle accorde aux juges de paix une indemnité de transport lorsqu'ils se rendent à plus de 5 kilomètres du chef-lieu de canton. Cette indemnité de transport, établie par l'art. 1er de la loi du 25 juin 1845, est ainsi fixée : en cas de transport à plus de 5 kilomètres du chef-lieu de canton, à 5 francs ; en cas de transport à plus de 1 myriamètre, à 6 francs. Si les opérations durent plus d'un jour, l'indemnité est fixée suivant la distance à 5 ou 6 francs par jour. Ord. 6 déc. 1845, art. 1er.

Dans les cas prévus par les articles 32, 36, 43, 46, 47, 49, 50, 51, 52, 59, 60, 62, 83, 84, 87, 88, 90, 464, 488, 497, 511, 516 du Code d'instruction criminelle, les juges de paix reçoivent, sur les fonds du ministère de la justice affectés aux frais de justice criminelle, l'indemnité allouée aux juges et officiers du ministère public, qui est fixée ainsi qu'il suit : s'ils se transportent à plus de 5 kilomètres de leur résidence, ils reçoivent pour tous frais de voyage, de nourriture et de séjour, une indemnité de 9 francs par jour ; s'ils se transportent à plus de 2 myriamètres, l'indemnité sera de 12 francs par jour. Décr. 18 juin 1811, art. 88.

Mais la disposition de l'art. 88 du décret du 18 juin 1811 ne doit pas être appliquée au déplacement de juges de paix en matière de simple police. S'il arrive cependant que le juge de paix croie utile de se transporter sur les lieux soit pour se mieux édifier, soit pour accéder à la demande d'une partie, l'indemnité est alors payable par cette dernière dans l'intérêt de laquelle le déplacement a eu lieu. Décis. minist. 14 juin 1820 ; Circ. Proc. gén. Paris, 16 août 1856 ; Observations de la Cour des comptes du 9 février 1867.

Signature des minutes. — Maladie. — Empêchement. — Décès du juge. — Les minutes des jugements doivent être signées dans les vingt-quatre heures (Décr. 30 mars 1808, art. 36 et 73 ; C. inst. crim. art. 164). — Les magistrats qui ne signent pas les minutes dans ce délai s'exposent à des poursuites disciplinaires (Décis. minist 24 sept. 1831). — Les jugements rendus par un juge de paix frappé de paralysie avant de les signer doivent être regardés comme non avenus (Décis. minist. 8 févr. 1861); cependant si le magistrat peut, malgré l'intensité de la maladie, affirmer la conformité des minutes préparées par le greffier avec les décisions rendues, cette affirmation judiciairement constatée et recueillie par le greffier, équivaudrait à la signature (Décis. minist. 20 juill. 1877). — Personne ne peut signer les jugements prononcés par un juge de paix avant son décès. Les parties doivent se pourvoir à nouveau. Décis. minist. 14 février 1848; décis. minist. 20 juill. 1877.

Récusation des juges de paix. Les juges de paix peuvent être récusés et doivent se récuser: 1° quand ils ont un intérêt personnel à la contestation; 2° quand ils sont parents ou alliés d'une des parties jusqu'au degré de cousin germain, inclusivement; 3° quand, dans l'année, il y a eu procès criminel entre eux et l'une des parties ou ses parents; 4° quand il y a procès existant entre eux et l'une des parties ou son conjoint; 5° s'ils ont donné un avis écrit dans l'affaire (C. pr. civ., art. 44). — La procédure à suivre en cas de récusation est indiquée par les art. 45, 46, 47 C. pr. civ. — Le droit de récusation peut, pour les mêmes causes, être exercé en matière de simple police contre le juge qui préside ce tribunal. Cass. 14 oct. 1843; C. inst. crim., art. 408 et 413.

Retrait de fonctions et démission. Les juges de paix mis à la retraite ou démissionnaires, doivent continuer l'exercice de leurs fonctions, non-seulement jusqu'au jour où ils ont connaissance de leur mise à la retraite ou de l'acceptation de leur démission, mais jusqu'au jour de l'installation de leur successeur. Décr. 30 janv. 1811, art. 28.

Pensions auxquelles ont droit les juges de paix. Les juges de paix sont, comme tous les fonctionnaires directement rétribués par l'État, soumis à une retenue de 5 pour 100 sur toutes les sommes qui leur sont payées à titre de traitement fixe ou éventuel, de supplément de traitement ou constituant un émolument personnel, à quelque titre que ce soit. Ils supportent en outre la retenue du douzième de leur rétribution, lors de leur nomination ou dans le cas d'une réintégration, plus, le douzième de toute augmentation de leur traitement, enfin les retenues pour cause de congé, d'absence ou par mesure disciplinaire. L. 13 juin 1853.

Ces retenues servent à leur faire une pension de retraite à laquelle ils ont droit par ancienneté, et après trente ans de services accomplis.

Cette pension, basée sur la moyenne des traitements et émoluments de toute nature soumis à une retenue dont l'ayant droit a joui dans les six dernières années de service, est réglée, pour chaque année de service, à un soixantième du traitement moyen. Toutefois, pour vingt-cinq ans de services rendus dans la partie active, elle est de la moitié du traitement moyen avec accroissement, pour chaque année en sus, d'un cinquantième du traitement. Mais, en aucun cas, elle ne peut excéder les deux tiers de ce traitement moyen. L. 13 juin 1853, art. 7, tableau 3 annexé à ladite loi.

Les services dans les armées de terre et de mer concourent avec les services civils pour établir le droit à la pension et sont comptés pour leur durée effective, pourvu que la durée des services comme juge de paix soit au moins de douze années et que les services militaires n'aient pas déjà été rémunérés par une pension. *Ibid.*, art. 8.

Les juges de paix qui ont été mis hors d'état de continuer leurs fonctions par suite d'un acte de dévouement dans l'intérêt public ; ceux qu'un accident grave résultant notoirement de l'exercice de leurs fonctions met dans l'impossibilité de les continuer, peuvent exceptionnellement obtenir une pension, quels que soient leur âge et la durée de leur activité. Dans ce cas, la pension est de la moitié du dernier traitement, sans pouvoir excéder les deux tiers du traitement moyen ; elle ne peut être inférieure au sixième du dernier traitement. L. 13 juin 1853, art. 12, et tableau 3 annexé.

Les veuves des juges de paix qui ont obtenu une pension de retraite, ou qui ont accompli la durée de service exigée par la loi, ont également droit à une pension, si le mariage a été contracté six ans avant la cessation des fonctions du mari. Cette pension est du tiers de celle que le mari aurait obtenue ou pu obtenir; elle ne peut être inférieure à 100 francs ni excéder celle que le mari aurait pu obtenir. — Le droit à la pension cesse en cas de séparation de corps prononcée à la demande du mari. — La veuve dont le mari a perdu la vie, soit par suite d'un acte de dévouement dans l'intérêt public, ou par suite d'un accident résultant notoirement de l'exercice de ses fonctions, a droit à une pension qui est des deux tiers de celle que le mari aurait obtenue ou pu obtenir dans le premier cas, et du tiers seulement dans le deuxième. — Dans ces deux cas, il suffit que le mariage ait été contracté antérieurement à l'événement qui a amené la mort du mari. L. 13 juin 1853, art. 14.

Aucune pension n'est liquidée qu'autant que le juge de paix aura été préalablement admis à faire valoir ses droits à la retraite par le ministère de la justice. L. 13 juin 1853, art. 19.

Toute demande de pension est adressée au ministre de la justice; elle doit, à peine de déchéance, être présentée avec les pièces à l'appui dans le délai de cinq années, à partir du jour de l'admission à faire valoir les droits à la retraite, ou du jour de la cessation de ses fonctions si le juge de paix a été autorisé à les continuer, et pour la veuve, à partir du jour du décès de son mari. *Ibid.*, art. 22.

Dans la liquidation, on néglige, sur le résultat final du décompte, les fractions de mois et de franc. La jouissance de la pension commence du jour de la cessation du traitement, ou du décès du fonctionnaire. Il ne peut en aucun cas y avoir lieu au rappel de plus de trois années d'arrérages antérieurs à la date de l'insertion au *Bulletin des lois* du décret de concession. *Ibid.*, art. 25, 26.

Les pensions sont incessibles, elles ne peuvent être saisies du vivant du pensionnaire que jusqu'à concurrence d'un cinquième pour débet envers l'Etat ou pour créances privilégiées, aux termes de l'article 2101 du Code civil, et d'un tiers dans les circonstances prévues par les articles 203, 205, 207 et 214 du même Code. *Ibid.*, art. 26.

Elles sont payées par trimestre, et sont rayées des livres du Trésor après trois ans de non-réclamation, sans que leur rétablissement donne lieu à aucun rappel d'arrérages antérieurs à la réclamation.

Il est en outre accordé, dans certains cas, aux orphelins fils de fonctionnaires, des secours particuliers ; pour ce qui les concerne. Voir L. 13 juin 1853, art. 16, 22, 25.

Prérogatives. Les juges de paix et leurs suppléants ont, comme tous les magistrats, le droit de bénéficier du privilége de juridiction édicté par l'art. 479 C. instr. crim.

Dans l'exercice de leurs fonctions, les juges de paix et leurs greffiers ne sont point assujettis au payement des droits de péage autorisés sur les routes de certains départements par la loi des 11-17 juin 1859 ni au payement des droits compris aux tarifs des bacs et bateaux (L. 6 frim. an VII, art. 50; voir ord. du 21-27 mai 1839, bac de Courlon). Sur ce bac, ils sont autorisés à passer exceptionnellement après le coucher et avant le lever du soleil (Même ord., art. 2).—Cette exemption leur est également accordée dans les mêmes conditions dans plusieurs titres de concession de ponts. Voir notamment sur le péage du pont de Saint-Béat (Ord. 10 juin-8 juill. 1829, art. 3); du Thouet, à Chacé (Ord. 4 nov.-10 déc. 1829); de la Marne à Brie (Ord. 18 juill.-2 sept. 1830); de la Seine, à Orangis (Ord. 18 juill.-30 sept. 1830); de la Saône, à Soing (Ord. 25 déc. 1830-18 janv. 1831); de la Drôme, à Aulaye (Ord. 13 févr.-1er mars 1836); de Moutiers-sur-la-Vezère, Décr. 16 oct. 1872, art. 2.

Honneurs, Préséance et Rang des juges de paix. Les juges de paix n'ont droit à une place distinguée dans l'église cantonale qu'à l'occasion des cérémonies religieuses ordonnées par le gouvernement et qu'autant qu'ils y assistent revêtus de leur costume (Lett. minist. 9 nov. 1833; Circ.

minist. 20 juill. 1837). Les dimanches et les jours de fêtes ordinaires, ils n'y ont pas droit. Même lettre; Augier, JUGES DE PAIX, 1837, p. 317.

Les autorités appelées aux cérémonies publiques se réunissent chez la personne qui doit y occuper le premier rang. Décr. 24 mess. an XII, art. 7 et 8.

La personne à qui la préséance est due doit toujours avoir à sa droite celle qui occupe le second rang, et à sa gauche celle qui occupe le troisième, et ainsi de suite. S'il y a convoi, les trois premières personnes forment la première ligne, les trois personnes suivantes forment la seconde ligne, et les corps marchent dans l'ordre suivant: — Cours d'appel; — Etat-major du corps d'armée; — État-major de la préfecture maritime; — État-major de la région; — État-major de la division; — Cour d'assises; — Conseil de préfecture; — Tribunal de première instance; — État-major de la majorité générale de la marine; — État-major de brigade; — Corps municipal; — Corps académique; — État-major de la place; — Tribunal de commerce; — Chambre de commerce; — Juges de paix; — Commissaires de police. Décr. 28 déc. 1875; Circ. 21 fév. 1876.

Les présidents de tribunaux de commerce ayant le pas sur les juges de paix d'une ville, ceux-ci doivent assister aux obsèques et aux honneurs funèbres rendus aux premiers. Circ. minist. 8 juin 1847.

Les juges de paix ne peuvent être précédés par le proviseur d'un collége national marchant individuellement. Celui-ci a seulement le droit de se joindre à l'académie ou à la faculté, quand il y en a une dans la ville. Décis. minist. 17 fév 1848.

Les conseils de prud'hommes pêcheurs ne peuvent prendre le pas sur les juges de paix. Décis. minist. 18 juill. 1839.

Entre les juges de paix d'une même ville, la préséance se décide par l'ancienneté. Décis. minist. 30 sept. 1822.

Les juges de paix, comme présidents de tribunaux, doivent, lors de leur nomination, visiter officiellement les magistrats et fonctionnaires qui les précèdent hiérarchiquement, et recevoir la visite de ceux qui les suivent. Ces visites doivent être rendues dans les vingt-quatre heures. Décr. 24 mess. an XII, tit. XXII, art. 10.

Les suppléants de juges de paix n'ont point de place fixée dans les cortéges officiels. Ils n'y prennent rang que lorsqu'ils remplacent le juge de paix ou qu'ils y sont invités personnellement.

Dans ce dernier cas, ils marchent immédiatement après le juge de paix. Décis. minist. 23 mars 1865.

Entre deux suppléants de juges de paix, la préséance appartient de droit au plus ancien. Décis. minist., 5 janv. 1829.

Les greffiers des tribunaux de paix et de simple police suivent les juges de paix présents ; dans le cas où ces derniers seraient absents, les greffiers n'ont droit à aucune place. Décis. minist. 16 oct. 1867.

La cérémonie ne doit commencer que lorsque l'autorité qui occupe la première place a pris séance. Cette autorité se retire la première.

D'après une décision du 14 août 1828, lorsque les magistrats n'obtiennent pas, dans une cérémonie publique, le rang que leur assignent les règlements, le plus convenable pour eux est de se retirer sur-le-champ, après avoir adressé leurs réclamations au fonctionnaire chargé de la cérémonie, et s'il n'y a pas fait droit, d'en référer à l'autorité compétente.

Franchise de poste accordée aux juges de paix. Les juges de paix jouissent de la franchise postale, pour la correspondance concernant exclusivement leurs fonctions, et suivant les formes ci-après :

Les lettres ou paquets relatifs au service de l'Etat s'expédient de deux manières : 1° par lettres fermées ; 2° sous bandes. Les lettres fermées peuvent être pliées et cachetées selon la forme ordinaire, ou être mises sous enveloppe. Ord. 17 nov. 1844, art. 21.

Lorsque les lettres fermées sont autorisées, elles ne doivent être employées qu'en cas de nécessité, et cette nécessité doit être constatée sur la dépêche par une note ainsi conçue : *Nécessité de fermer. Ibid.*, art. 23.

Les lettres et paquets contre-signés qui doivent être mis sous bandes ne sont pas reçus en franchise, lorsque la largeur des bandes excède le tiers de la surface de ces lettres et paquets. *Ibid.*, art. 25.

Les bandes ne doivent adhérer entre elles qu'au verso de la dépêche, à l'endroit où elle est cachetée (Décis. minist. 11 août 1852). — Elles doivent porter le contre-seing, qui est la désignation des fonctions de l'envoyeur, suivi de sa signature ; la désignation des fonctions peut être imprimée par un timbre, mais la signature doit être apposée de la main du fonctionnaire, et, si ce fonctionnaire est hors d'état, par suite de maladie ou d'absence, de remplir ses fonctions, celui qui le remplacera par intérim contre-signera les dépêches, en énonçant qu'il remplit par intérim les fonctions auxquelles le contre-seing est attribué. Ord. 17 nov. 1844, art. 13 et 16.

Les lettres et paquets relatifs au service doivent être remis, dans les départements, aux directeurs des postes ; lorsqu'ils auront été jetés à la boîte, ils seront assujettis à la taxe ; néanmoins, les lettres et paquets, valablement contre-signés par les fonctionnaires résidant dans les communes dépourvues d'établissements de poste aux lettres, seront valablement déposés dans les boîtes rurales de ces communes. *Ibid.*, art. 28.

La franchise n'existe pas pour les fonctionnaires ayant leur résidence dans la même ville, Paris excepté. Décis. minist. fin. 13 juin 1851.

Voici maintenant les fonctionnaires avec lesquels les juges de paix peuvent correspondre en franchise, et les modes qu'ils doivent employer :

PAR LETTRES FERMÉES.

Avec les procureurs de la République de leur arrondissement et le procureur général de leur ressort ;

PAR LETTRES FERMÉES, mais sous la *condition* que la faculté de fermer n'est autorisée que pour lettres pesant moins de 10 grammes, simplement pliées et cachetées, sans additions ni pièces jointes, ni enveloppe extérieure, et portant, sur la suscription, la mention suivante : *Lettre confidentielle* ;

Avec les conservateurs, les gardes généraux des forêts et les inspecteurs des forêts de la conservation forestière dont leur canton fait partie ;

Avec les inspecteurs des postes et les recteurs de l'académie de leur département ;

Avec le premier président et les juges de paix du ressort de leur Cour d'appel, et avec tous les maires du canton ; avec le président des assises de leur département. Ord. 17 nov. 1844 ;

Avec les juges d'instruction. Décis. minist. fin. 9 avril 1834 ; Circ. minist. just. 22 mai 1834.

SOUS BANDE SEULEMENT :

Avec le premier président et les juges de paix de leur ressort, les procureurs généraux et procureurs de la République de tout l'État. Ord. 17 nov. 1844 ;

Avec le préfet, le président des assises, les inspecteurs des postes, le recteur et le vice-recteur d'académie, les inspecteurs d'académie, l'inspecteur des postes et les commissaires de police départementaux de leur département ;

Avec le sous-préfet et le vérificateur des poids et mesures de leur arrondissement ;

Avec les conservateurs, inspecteurs et sous-inspecteurs des forêts de la conservation où est situé leur canton ;

Avec les maires et commissaires de police cantonaux et brigadiers de gendarmerie de leur canton. Ord. 17 nov. 1844 ;

Avec les commandants de brigade de gendarmerie de leur canton. Décis. minist. fin. 19 février 1857 ; Circ. minist. just. 2 mars 1867 ;

Avec les receveurs particuliers des finances et avec les trésoriers payeurs généraux des finances de l'arrondissement. Circ. 14 août 1876 ;

Avec les receveurs de l'enregistrement dans le canton. Circ. 26 août 1863.

S'ils sont présidents ou membres des délégations cantonales de l'instruction primaire, les juges de paix peuvent correspondre, SOUS BANDE SEULEMENT, et en franchise, avec les curés, délégués des consistoires, directrices des salles d'asile, instituteurs et institutrices publics de leur canton, pasteurs des Eglises réformées de l'arrondissement du consistoire. Ord. 17 nov. 1844.

En outre, les juges de paix de Castets et de Saint-Vincent-de-Tyrosse (Landes) ont la franchise avec les Tribunaux civils de Dax et de Mont-de-Marsan.

Les juges de paix de l'île d'Oléron ont franchise avec le commandant de place de l'île d'Oléron.

Les juges de paix de Marommes, Grand-Couronne et Darnetal ont la franchise avec le commissaire central de police de Rouen. Ord. 17 nov. 1844.

Les juges de paix d'Algérie ont la franchise avec le commissaire général de police dans toute l'Algérie.

Local de la justice de paix et du tribunal de simple police. Les frais de loyer et de réparation du local de la justice de paix, ainsi que ceux d'achat et d'entretien de son mobilier, sont, pour les communes chefs-lieux de canton, des dépenses communales obligatoires. L. 18 juillet 1837, art. 30 ; Décr. 18 mai 1862, art. 486, § 10.

Dans les villes où il y a plusieurs justices de paix, les administrations municipales doivent pourvoir aux frais de premier établissement du local nécessaire pour l'installation du tribunal de simple police. Ce local doit être distinct, pour la tenue des audiences et du greffe de ce tribunal, et établi de manière que ses minutes ne soient, en aucun cas, confondues avec celles des justices de paix et bureaux de conciliation. Arr. 30 fruct. an XI, art. 4.

Les menus frais des justices de paix sont à la charge du département. L. 10 mai 1838; Décr. 31 mai 1862, art 455, § 6.

Mobilier de la justice de paix, inventaire et récolement. Le concierge de chaque établissement judiciaire est constitué gardien responsable du mobilier du tribunal. S'il n'y a pas de concierge, cette responsabilité est mise à la charge du greffier. La prise en charge du mobilier est constatée à la suite de l'inventaire. L'inventaire est dressé par le greffier, qui y procède sous la surveillance et la direction du juge de paix. L'inventaire contient la description de chaque objet, de manière à en indiquer la nature, l'état matériel, et, autant que possible, le prix d'achat et la valeur actuelle. Le prix d'achat des objets neufs est toujours mentionné. L'inventaire est fait en double expédition ; l'une est laissée entre les mains du greffier; l'autre est remise, après vérification ou règlement, au maire du chef-lieu de canton. Il est procédé à la vérification par le maire ou son délégué, en présence du juge de paix. Elle est faite avec le gardien responsable du mobilier, en présence du greffier rédacteur de l'inventaire. Un récolement est fait chaque année et à chaque mutation de gardien responsable. Dans l'intervalle d'un récolement au récolement suivant, le gardien responsable est tenu de faire consigner, par le greffier, sur l'expédition de l'inventaire déposé au greffe, tous les changements survenus dans le mobilier. S'il n'en est pas survenu dans le cours d'une année, le juge de paix se borne à viser, lorsqu'il lui est présenté, l'inventaire précédent du mobilier de la justice de paix, préalablement certifié par le greffier. Décr. 20-30 juill. 1853.

Bulletin des lois. Les juges de paix sont compris parmi les fonctionnaires auxquels le *Bulletin des lois* doit être adressé à mesure de sa publication (L. 12 vend. an IV, art. 4). — Les exemplaires de ce *Bulletin* leur parviennent par l'intermédiaire des procureurs de la République (Circ. 12 déc. 1850). — A mesure de leur réception, ces *Bulletins* doivent être déposés au greffe à perpétuelle demeure (L. 12 vend. an IV, art. 7); et le greffier est tenu de veiller à la conservation de la collection (Décr. 30 mars 1808, art. 92); chaque juge de paix, en cessant ses fonctions, doit transmettre à son successeur la collection de ce recueil *entière* et *complète*. Circ. 28 avril 1856.

ORGANISATION ET FONCTIONNEMENT DU GREFFE DES JUSTICES DE PAIX.

GÉNÉRALITÉS.

GREFFIERS DE JUSTICE DE PAIX.

Nomination des greffiers. Les greffiers de justice de paix sont nommés par le chef de l'État (L. 28 flor. an X, art. 5); mais les titulaires ont le droit de présenter leurs successeurs. L. 28 avril 1816, art. 91.

Dans les villes où il y a plusieurs justices de paix, il y a pour le tribunal de police un greffier particulier, nommé par le chef de l'Etat. Il peut s'adjoindre un commis greffier, qui est tenu de prêter serment, et dont le traitement est à sa charge. L. 28 flor. an X, art. 14.

Lorsque les greffiers de justice de paix ont un commis, le traitement de ce commis est également à leur charge. (L. 28 flor. an X, art. 4.)— Investis du droit de choisir les commis assermentés, les greffiers sont responsables de leurs actes (Circ. 15 juill. 1856) ; dès lors, ils peuvent seuls les révoquer quand ils le jugent nécessaire. Décis. minist. 22 mars 1833.

Conditions requises pour être greffier de

justice de paix. Le candidat à un greffe de justice de paix doit justifier de sa nationalité de Français, être âgé d'au moins vingt-cinq ans (L. 16 vent. an XI, art. 1er), jouir de ses droits civils et politiques, être de bonne vie et mœurs, avoir satisfait aux lois militaires (L. 25 mai 1832, art. 2 et 48); justifier de sa capacité professionnelle soit par un travail dans une étude d'avoué, de notaire ou dans le bureau d'un receveur d'enregistrement, soit par un examen passé devant le procureur de la République (Circ. minist. 21 mai 1839; Décis. 5 août 1838; Décis. 10 mai 1849); être présenté par le titulaire, sa veuve, ses héritiers ou ayants droit, à moins de vacance ou destitution (L. 28 avril 1816, art. 91); justifier de l'acquit des droits d'enregistrement et du versement du cautionnement. Même loi, art. 91 et 96.

Les greffiers de justice de paix ne peuvent être parents ou alliés jusqu'au degré d'oncle et de neveu inclusivement des juges de paix et suppléants de leur résidence. L. 20 avril 1810, art. 63; Voir aussi la loi du 6 mars 1791.

Incompatibilités. En principe, les greffiers ne doivent pas avoir d'autres occupations que celles du greffe qui leur est confié. (Circ. minist. 27 vent. an V). — Aussi leurs fonctions sont incompatibles avec celles de maire (L. du 20 avril 1810, art. 63; Décr. 27 sept. 1807, art. 57; Décr. 6 juill. 1810, art. 36; Décr. 18 août 1810, art. 28; Circ. 6 juin

1843) ; de secrétaire de mairie, ou de préfecture, ou de sous-préfecture (Décis. minist. 19 déc. 1825); de directeur des postes (Circ. minist. 21 mars 1809); d'huissier (Décis. minist. 22 juill. 1839); d'instituteur communal (Décis. minist. 21 nov. 1838, 21 mai 1839, 13 janv. 1843); de receveur des droits réunis (L. 24 vend. an III, t. II, art. 1 et 3; Décis. minist. 23 oct. 1846); de clerc de notaire (Décis. minist. 18 mai 1824); avec l'exercice de l'art vétérinaire (Décis. minist. 4 août 1843) ; avec le métier d'agent d'affaires (Lett. parquet Seine 23 mars (1823) ; ils ne peuvent être délégués sénatoriaux Circ. minist. 11 déc. 1875).—Ils peuvent se charger des expertises et des arpentages volontaires, pour le compte de particuliers, pourvu que le service du greffe n'en souffre pas; mais ils ne peuvent être désignés comme arpenteurs, par le juge de paix, dans les affaires litigieuses qui lui sont soumises (Décis. minist. 12 août 1847). — Leurs fonctions sont compatibles avec celles de commissaires-priseurs, mais le gouvernement autorise rarement le cumul. Ord. 26 juin 1816, art. 14.

Résidence. Les greffiers sont tenus de résider au chef-lieu de canton. Lett. minist. 29 juin 1811 ; Décr. 27 oct. 1827.

Congé. Le greffier ne peut s'absenter de son canton sans congé régulier. Ord. 6 nov. 1822.

Cautionnement des greffiers. Les cautionnements des greffiers de justice de paix sont fixés ainsi qu'il suit :

A Paris, 10000 francs ; à Bordeaux, Lyon, Marseille, 6000 francs ; dans les communes de 50 à 100000 habitants, 4000 francs ; dans les communes de 30000 à 50000 habitants, 3000 francs ; dans les communes de 3001 à 10000 habitants, 1800 francs ; dans les communes de 3000 habitants et au-dessous, 1200 francs. L. 28 avril 1816, tit. IX, art. 88.

Les greffiers de police fournissent un cautionnement supérieur, du quart en sus de celui que fournissent les greffiers de justice de paix établis dans la même ville. L. 28 flor. an X, art. 14.

Patente. Le greffier de justice de paix est soumis à la patente. Il doit payer le droit proportionnel du quinzième de son loyer, tant pour son habitation que pour les autres locaux qui servent à l'exercice de sa profession. L. 15 mai 1850.

Serment des greffiers. Avant d'entrer en fonctions, les greffiers et commis greffiers prêtent serment devant le juge de paix du canton. La prestation de serment d'un nouveau greffier de la justice de paix a lieu après que le greffier du tribunal de première instance a adressé, au greffe de justice de paix, copie certifiée de l'ordonnance de nomination ; expédition du procès-verbal de la prestation de serment doit ensuite être envoyée au parquet. Circ. 23 juin 1823.

La formule du serment que doit prêter le greffier est conçue en ces termes :

« Je jure et promets de bien loyalement remplir mes fonctions, et d'observer, en tout, les devoirs qu'elles m'imposent. » Décr. 5 avril 1852, art. 1er et 4, modifié par le décret du 5 sept. 1870.

Services militaires. Les greffiers de paix ou de police, qui par leur âge appartiennent à la réserve de l'armée active ou à l'armée territoriale, ne sont point classés parmi les non-disponibles; ils ne peuvent être dispensés de la mobilisation, par suite des exigences du service public auquel ils appartiennent, que s'ils sont compris sur les listes que le ministre de la guerre arrête, de concert avec les départements intéressés, en exécution de l'article 9 de la loi du 18 novembre 1875. Décis. minist. 29 mai 1876 ; Décis. minist. 26 oct. 1877.

Traitement des greffiers. Le traitement des greffiers de justice de paix est de 850 francs dans tous les cantons autres que Paris. (L. 23 août 1858, modifiée par les lois des 27 juillet 1870 et 16 nov. 1875.) — Le traitement des greffiers de Paris est de 1 000 francs. (L. 21 prairial an VII, modifiée par la loi du 16 nov. 1875.) — Celui des greffiers de tribunaux de police est à Paris de 4 000 francs (décr. 8 sept. 1855); à Bordeaux, Lyon, Marseille, de 1 200 francs (arr. 30 fruct.

an X); à Lille, Rennes et Toulouse, de 900 francs (même arrêté); partout ailleurs, de 700 francs. L. 23 août 1858; L. 27 juillet 1870 et 18 juillet 1872.

En Algérie, le traitement des greffiers est réglé par des décrets spéciaux. Décr. 9 juillet 1849; Décr. 11 juillet 1850.

En cas de vacance d'une place de greffier, celui qui la remplit par intérim jouit du traitement ainsi que des émoluments qui y sont attachés, à la charge de pourvoir à toutes les dépenses du greffe. Décr. 30 janv. 1811, art. 32; Décis. minist. 7 mars 1820.

Dépôt des minutes. Les minutes des actes des justices de paix doivent être déposées tous les ans dans un local de l'administration municipale, néanmoins les expéditions en sont délivrées par les greffiers. (L. 26 frim. an IV, art. 4; L. 14 brum. an IX.; Circ. minist. 17 vend. an X.) Les maires doivent fournir le local destiné à cet usage. (Lett. minist. just. 24 avril 1820.) — Les minutes ne doivent jamais être en dépôt chez le greffier. Décis. 18 avril 1820.

Les minutes des tribunaux de police doivent être déposées également dans un local fourni par l'administration municipale de façon qu'elles ne soient, en aucun cas, confondues avec celles des justices de paix et bureaux de conciliation. Arr. 30 fruct. an X, art. 4.

Entretien du greffe. L'entretien du greffe est à la charge du greffier. L. 21 vent. an VII, art. 16 ; L. 27 vent. an VIII, art. 92; Décis. minist. 16 sept. 1811.

Temps d'ouverture du greffe. Le greffe doit être ouvert tous les jours, excepté les dimanches et fêtes, aux heures réglées par le juge de paix. Décr. 30 mars 1808, art. 90.

Discipline. Les greffiers sont sous la surveillance des procureurs généraux et des procureurs de la République (L. 20 avril 1810, art. 45 et 58; Circ. 24 mai 1845). — Les juges de paix peuvent les réprimander et les avertir s'ils commettent des faits qui compromettent la dignité de leur caractère. Décr. 20 avril 1810, art. 62 ; Circ. proc. gén. Paris 19 fév. 1823.

Communications. Les greffiers sont obligés de communiquer leurs répertoires et leurs registres à toute réquisition des agents de l'enregistrement (Circ. minist. 12 juin 1843). — Les greffiers ne peuvent refuser aux administrations publiques la délivrance, sur papier timbré et sans enregistrement, des extraits des jugements qui les concernent. Circ. minist. 12 nov. 1816.

Formule exécutoire. Pour pouvoir être exécutées, les grosses des jugements que les greffiers délivrent doivent être revêtues de la formule exécutoire (Décr. 2 sept. 1871). — Les jugements rendus sous les régimes antérieurs ne pouvant être mis à exécution sans être revêtus de la nouvelle formule exécutoire, les greffiers des justices de paix peuvent en revêtir les grosses et les expéditions des jugements anciens, même d'une autre justice de paix que celle à laquelle ils sont attachés (Ord. 30 août 1815 ; Ord. 13 mars 1848; Circ. 4 sept. 1848; Décis. 4 sept. 1849). Lorsqu'ils sont requis de procéder à cette opération, ils doivent se borner à ajouter, en marge ou au bas du jugement, la nouvelle formule, en datant et signant, sans rien effacer de la formule exécutoire ancienne (Décis. 4 sept. 1848). — La formule exécutoire actuellement en vigueur est celle qu'a édictée le décret du 2 sept. 1871.

Franchise postale. Les greffiers n'ont la franchise qu'avec les greffiers en chef des cours d'appel du ressort auquel ils appartiennent (Ord. 17 nov. 1844).—Mais ils ne peuvent correspondre avec ces personnes que par lettres ou paquets sous bande n'excédant pas le tiers de la surface desdites lettres ou paquets.—Aux termes de l'arrêté ministériel du 1er avril 1874, la correspondance de service échangée entre les greffiers et les trésoriers payeurs généraux est admise à circuler en franchise sous bande dans l'étendue du département (Circ. 17 mars 1874 ; Circ. 14 août 1876). — Il est interdit aux greffiers de s'adresser, réciproquement sous leur contre-seing, des circulaires ou autres correspondances privées relatives au tarif qui les concerne. C'est là un abus répréhensible. Circ. 23 mai 1853.

Devoirs des greffiers. Le greffier doit assister le juge de paix dans tous les actes et procès-verbaux (C. proc. civ., art. 1040) ; et toutes les fois qu'il est requis pour un acte où le juge agit dans l'exercice de ses fonctions judiciaires, notamment dans les visites de lieux (C. proc. civ., art. 30), dans les enquêtes (C. proc., art. 39), dans les expertises (C. proc. civ., art. 42). — Les greffiers de justice de paix sont astreints à la tenue d'un répertoire (L. 26 frim. an IV, art. 4). — Aucuns frais ni émoluments ne peuvent être perçus par les greffiers de justice de paix que sur des états dressés par eux, qui sont vérifiés et visés par le juge de paix ; ces états sont écrits au bas de l'expédition délivrée par le greffier et, à défaut d'expédition, il est fait un état séparé. Ord. 17-25 juillet 1825 ; Circ. 28 juillet 1825.

Les greffiers doivent tenir un registre sur lequel ils inscrivent, par ordre de date et sans aucun blanc, toutes les sommes qu'ils reçoivent pour les actes de leur ministère ; les déboursés et les émoluments sont inscrits dans des colonnes séparées, le registre est coté et paraphé par le juge de paix ; il est tenu sous sa surveillance ; ce magistrat doit, au moins à chaque trimestre, ou plus souvent s'il le juge convenable, le vérifier, l'arrêter, en dresser un procès-verbal qu'il adresse au procureur de la

République, avec ses observations. Le juge de paix doit informer le procureur de la République, toutes les fois qu'il découvrirait que les greffiers ou leurs commis ont perçu des droits plus forts que ceux qui sont attribués par les lois et règlements. Ord. 17-23 juill. 1825.

Dans les expéditions que le greffier délivre, il ne doit ni excéder ni diminuer le nombre de lignes réglementaires (Lett. parq. Seine 22 mai 1821). — Il ne doit d'ailleurs délivrer aucune expédition des jugements rendus avant que la minute ait été signée conformément à la loi, sous peine d'être poursuivi comme faussaire (C. proc. civ., art. 139), ni avant l'enregistrement, sous peine d'amende. L. 22 frim. an II, art. 42.

TAXES ET TARIFS.

Décrets portant tarifs. Les tarifs qui doivent être appliqués dans les justices de paix sont réglés par divers décrets et ordonnances dont les principaux sont :

1° Les décrets du 16 février 1807 qui règlent la plupart des tarifs en matière civile ;

2° Le décret du 18 juin 1811, spécial aux matières criminelles et de simple police ;

3° L'ordonnance du 18 sept. 1833, qui règle les frais en matière d'expropriation ;

4° L'ordonnance du 6 déc. 1845, relative au transport en matière de justice de paix;

5° Le décret du 5 nov. 1851, contenant tarif des ventes volontaires de fruits et récoltes;

6° Le décret du 24 nov. 1871, qui modifie le droit des greffiers sur les avertissements. — Le tarif des frais et dépens décrété pour les justices de paix établies à Paris a été rendu commun aux justices de paix de Lyon, Bordeaux, Rouen (3e Décr. 16 fév. 1807, art. 27), de Marseille (Décr. 21 juin 1856), de Toulouse (Décr. 30 avril 1862), de Lille et de Nantes. Décr. 13 déc. 1862.

Tableau des tarifs et droits dus aux greffiers des justices de paix.

DÉSIGNATION.	PARIS et VILLES assimilées.	VILLES 1re instance.	AUTRES.
	fr. c.	fr. c.	fr. c.
VISITE de lieux, TRANSPORT, AUDITION des témoins, par chaque vacation de trois heures. Décr. 16 févr. 1807, art. 8............	3 33	2 50	1 67
Chaque RÔLE D'EXPÉDITION de vingt lignes à la page et de dix syllabes à la ligne. Décr. 16 févr. 1807, art. 9..................	» 50	» 40	» 40
EXPÉDITION de procès-verbal de non-conciliation. Décr. 16 févr. 1807, art. 10........	1 »	» 80	» 80
TRANSMISSION de la récusation et réponse du juge. Décr. 16 févr. 1807, art. 14.......	5 »	5 »	5 »
ASSISTANCE au conseil de famille, par vacation de trois heures. Décr. 16 févr. 1807, art. 16	3 33	2 50	1 67
ASSISTANCE aux appositions, reconnaissances et levées de scellés. Décr. 16 févr. 1807, art. 16	3 33	2 50	1 67
ACTES DE NOTORIÉTÉ dressés en exécution des art. 70 et 71 C. civ. Décr. 16 févr. 1807...	3 33	2 50	1 67
Pour les autres actes de notoriété. Déc. 16 fév. 1807..............................	» 67	» 50	» 34
TRANSPORT devant le président du tribunal, pour chaque myriamètre..............	1 33	1 33	1 33
Et par journée de 5 myriamètres..........	6 66	6 66	6 66
VACATION à l'effet de faire la déclaration de l'apposition des scellés sur le registre du tribunl de premre instance. Déc. 16 fév. 1807, art. 17.	3 33	2 50	1 67
Pour chaque OPPOSITION AUX scellés faite par déclaration sur le procès-verbal. Déc. 16 fév. 1807, art. 18	» 50	» 40	» 40
Pour chaque EXTRAIT des oppositions aux scellés, par chaque opposition. Décr. 16 févr. 1807, art. 20.......................	» 50	» 40	» 40
ACTES DE NOTORIÉTÉ destinés à constater les ressources des demandeurs en concession de terres en Algérie. Décr. 23 avril 1852..	2 »	2 »	2 »
CONTRAT D'APPRENTISS. L. 22 fév. 1851, art. 2.	2 »	2 »	2 »
Par chaque AVERTISSEMENT, y compris l'affranchissement. L. 2 mai 1855, art. 2, modifiée par décr. du 24 nov. 1871, art. 5.......	» 30	» 30	» 30
MISE AU RÔLE de chaque cause portée à l'audience, en principal. L. 16 nov. 1875, art. 2.	1 »	1 »	1 »

DÉSIGNATION.	GÉNÉRAL.	PARIS ET VILLES assimilées.	VILLES AYANT trib. 1re inst.	AUTRES.
	fr. c.	fr. c.	fr. c.	fr.
EXPÉDITION pour tous les actes dont il est fait mention dans certains articles du C. inst. crim., par rôle. Décr. 18 juin 1844, art. 42.	» 40	—	—	—
ÉTAT DE LIQUIDATION DES FRAIS, à raison de chaque article. Décr. 18 juin 1811, art. 51...	» 05	—	—	—
TRANSPORT du greffier ou commis qui accompagne le juge d'instruction ou l'officier du ministère public, et par jour. Décr. 18 juin 1811, art. 89 :				
Dans le premier cas, par jour...........	6 »	—	—	—
Dans le deuxième cas, par jour...........	8 »	—	—	—
EXTRAIT des mentions inscrites sur le registre des pourvois en cassation. Tarif 18 juin 1811, art. 44 et 50....................	» 60	—	—	—
EXTRAIT de jugement en matière de simple police et aussi pour le recouvrement des condamnations. Décr. 7 avril 1813, art. 7.	» 25	—	—	—
RELEVÉ des jugements susceptibles d'opposition et d'appel destiné à être transmis au receveur d'enregistrement du canton, par affaire jugée. Inst. 15 avril 1838........	» 10	—	—	—
BULLETINS individuels pour ivresse, etc. Circ. 6 juin 1876...........................	» 25	—	—	—
INSCRIPTION des élèves stagiaires en pharmacie et EXTRAIT de ces inscriptions. L. 26 juill. 1864, art. 20.........................	1 »	—	—	—
LÉGALISATION, par chacune. L. 3 avril-2 mai 1861, art. 3.........................	» 25	—	—	—

DÉSIGNATION.	GÉNÉRAL.	PARIS ET VILLES assimilées.	VILLES AYANT trib. 1re inst.	AUTRES.
	fr. c	fr. c.	fr. c.	fr.
REMBOURSEMENT DU PAPIER TIMBRÉ. Décr. 24 nov. 1871, art. 3.				
Pour chaque jugement porté sur la feuille d'audience, ceux de remise exceptés......	» 80	—	—	—
Jugement de remise.....................	» 25	—	—	—
Procès-verbal de conciliation sur registre timbré...........................	» 60	—	—	—
Procès-verbal de non-conciliation..........	» 30	—	—	—
Mention sur registre timbré...............	» 25	—	—	—
PRISÉE DE MEUBLES DANS LES VENTES JUDICIAIRES. par chaque vacation de trois heures. Décr. 16 fév. 1807, art. 39................	—	8 »	5 »	4
PRISÉE DE MEUBLES DANS LES VENTES VOLONTAIRES. Vacation pour priser, trois heures L. 18 juin 1843, art. 1, et circulaire de M. le procureur général de Paris, 4 janv. 1856..........	—	6 »	5 »	5
Vacation pour assister au référé, s'il y a lieu.	—	5 »	4 »	—
DROIT de vente, non compris les déboursés pour y parvenir, en acquitter les droits, la rédaction des placards, par 100 francs........	6 »	—	—	—
Vacation pour préparer les objets mis en vente (*)...........................	—	6 »	5 »	5
Expédition ou extrait des procès-verbaux de vente, le rôle........................	1 50	—	—	—

(*) Elles ne sont allouées que si le produit de la vente s'élève à 3000 francs.

DÉSIGNATION.	GÉNÉRAL.	PARIS ET VILLES assimilées.	VILLES AYANT trib. 1re inst.	AUTRES.
	fr. c.	fr. c.	fr. c.	fr.
Consignation à la caisse, s'il y a lieu.......	1 50	6 »	5 »	5
Poinçonnage des matières d'or et d'argent...	—	6 «	5 »	5
Payement des contributions..............	—	4 »	3 »	3
VENTES VOLONTAIRES DE FRUITS ET RÉCOLTES : pour tous droits, non compris les déboursés (*), jusqu'à 10 000 francs, par 100 francs. Décr. 5 nov. 1851	2 »	—	—	—
L'excédant au-dessus, par 100 francs.......	» 25	—	—	—
Pour le recouvrement du prix, remise par 100 francs..........................	1 »	—	—	—
Expédition ou extrait, par chaque rôle de 25 lignes et 15 syllabes à la ligne............	1 »	—	—	—
Versement à la Caisse des consignations....	—	4 »	3 »	3
EXPROPRIATION. Ord. 18 sept. 1833, art. 11.				
RÉDACTION du procès-verbal des opérations du jury, pour chaque affaire terminée.	5 »	—	—	—
Néanmoins par jour, quel que soit le nombre des affaires à répartir entre elles..	15 »	—	—	—
EXPÉDITION ou extrait, par rôle............	» 40	—	—	—
Par chaque extrait de l'ÉTAT DES DÉPENS	» 10	—	—	—
TRANSPORT à plus de 5 kilomètres par jour...	6 »	—	—	—
— à plus de 2 myriamètres par jour.......	8 »	—	—	—
EXPERTISES. Pour assistance aux opérations d'experts et écriture de leur rapport, s'ils ne savent pas écrire, le greffier a droit aux deux tiers des vacations allouées à chacun d'eux par les articles 23, 159 et 160 du Tarif. Décr. 1807, art. 15.	—	—	—	—

(*) La remise ne peut en aucun cas être inférieure à 6 francs.

Tableau des droits et taxes des huissiers des juges de paix.

DÉSIGNATION.	GÉNÉRAL.	PARIS ET VILLES assimilées.	Ville où siège une cour ou de 30 000 âmes.	AUTRES.
	fr. c.	fr. c.	fr. c.	fr. c.
En matière civile. Déc. 16 fév. 1807, art. 21, 22, 23, et 3e complémentaire, art. 1er.				
POUR L'ORIGINAL : de chaque CITATION contenant demande. Décr. 16 févr. 1807, art. 21, § 1	—	1 50	1 35	1 25
— de SIGNIFICATION de jugement. Déc. 16 fév. 1807, art 21, § 2	1 25	—	—	—
— de SOMMATION de fournir caution ou d'être présent à la réception et soumission de la caution ordonnée. Déc. 16 fév. 1807, art. 21, § 3	1 50	—	—	—
— d'OPPOSITION au jugement par défaut, contenant assignation à la prochaine audience. *Id.*, § 4	1 50	—	—	—
— de DEMANDE EN GARANTIE. *Id.*, § 5	1 50	—	—	—
— de CITATION à témoins. *Id.*, § 6	1 50	—	—	—
— de CITATION aux gens de l'art et experts. Décr. 16 fév. 1807, art. 21, § 7	1 50	—	—	—
— de CITATION en conciliation. *Id.*, § 8	1 50	—	—	—
— de CITATION aux membres qui doivent composer le conseil de famille. Décr. 16 févr. 1807, art. 21, § 9	1 50	—	—	—
— de NOTIFICATION de l'avis du conseil de famille. *Id.*, § 10	1 50	—	—	—
— d'OPPOSITION aux scellés. *Id.*, § 11	1 50	—	—	—
POUR L'ORIGINAL de SOMMATION à la levée des scellés. *Id.*, § 12	1 50	—	—	—
Pour chaque COPIE des actes ci-dessus, le quart de l'original.				
POUR LA COPIE des pièces qui pourra être donnée avec les actes, par chaque rôle d'expédition de 20 lignes à la page et de 10 syllabes à la ligne Déc. 16 fév. 1807, art. 22.	—	» 25	» 25	» 20

DÉSIGNATION.	GÉNÉRAL.	PARIS ET VILLES assimilées.	Ville où siège une cour ou de 30 000 âmes.	AUTRES.
	fr. c.	fr. c.	fr. c.	fr. c
Pour transport qui ne pourra être alloué qu'autant qu'il y aura plus d'un demi-myriamètre de distance entre la demeure de l'huissier et le lieu où l'exploit devra être posé, aller et retour par myriamètre. Déc. 16 fév. 1807, art. 23	2 »	—	—	—
— au delà d'un demi-myriamètre jusqu'à un myriamètre, aller et retour. Décr. 16 fév. 1807, art. 66, § 3	4 »	—	—	—
— au delà d'un myriamètre, par chaque demi-myriamètre, aller et retour. Décr. 1807, art. 66, § 2	2 »	—	—	—
Pour appel de cause civile par l'audiencier. Déc 14 juin 1813, art. 94	» 15	—	—	—

DÉSIGNATION.	GÉNÉRAL.	PARIS ET VILLES assimilées.	VILLES 40000 AM. et au-dessus.	AUTRES.
En matière de simple police. Décr. 10 juin 1811, art. 71, 90, 91.	fr. c.	fr. c.	fr. c.	fr. c.
Pour l'original de tous les actes de leur ministère résultant du Code d'instr. crim. citations, significations, etc., etc.	—	1 »	» 75	» 50
Pour les copies de pièces, par rôle d'écriture de 30 lignes à la page et de 18 à 20 syllabes à la ligne	—	» 50	» 40	» 30
Pour indemnité de déplacement, lorsqu'ils se transportent à plus de 2 kilomètres de leur résidence, par myriamètre parcouru en allant et en revenant Décr 18 juin 1811, art. 90 et 91	—	1 50	1 50	1 50

Tarif des témoins et experts en matière civile

(Art. 24 et 25 du Tarif civil de 1807).

Témoin sans profession, une journée de travail, soit....	2 francs.
S'il a été obligé de se faire remplacer................	2
Témoin domicilié hors du canton, par 5 myriamètres...	4
Expert (même taxe que le témoin).	

Tarif des témoins et experts en matière criminelle.

	Paris.	Villes de 40 000 âmes	Ailleurs.
Homme et garçon de quinze ans au moins..........................	2f »	1f 50	1f »
Femme, fille, garçon de moins de quinze ans. (Tarif crim. de 1811, art. 27 et 28.).................	1 25	1 »	» 75
En cas de transport à plus de 1 myriamètre. Par myriamètre, s'ils ne sortent pas de leur arrondissement. (L. 17 avr. 1813, art. 1.)........	—	—	1 »
S'ils en sortent, par myriamètre.....	—	—	1 50
Par chaque journée de séjour. (Tarif 1811, art. 96.)................	3 »	2 »	1 50
Expert, interprète, traducteur, de jour, par vacation. (Tarif 1811, art 22.).	5 »	4 »	3 »
De nuit, par vacation..............	7 50	6 »	4 50

Tarif des gardiens de scellés et mise en fourrière.

	Paris et villes assimilées.	Villes à tribunaux de 1re instance	Ailleurs.
En matière civile (Tarif 1807, art. 26), pendant les douze premiers jours, par jour.........................	2f 50	2f »	1f »
Après les douze premiers jours, par jour.........................	1 »	» 80	» 60
	Paris.	**Villes de 40 000 âmes**	**Ailleurs.**
En matière criminelle (Tarif 1811, art. 37), par jour...............	2f 50	2f »	1f »

Pour le Tarif des témoins et experts, en matière civile, dans les cas où le juge de paix agit par délégation d'un tribunal supérieur, voir Tarif civil de 1807, art. 159 à 168.

PROCÉDURE,

POUVOIRS ET OBLIGATIONS DU JUGE DE PAIX

COMME JUGE CIVIL ET DE SIMPLE POLICE.

Audience. Le juge de paix peut juger tous les jours, même ceux de dimanches et fêtes, hors les heures du service divin et l'après-midi (Décr. 18-26 oct. 1790, tit. VII, art. 1er). Mais il doit tenir au moins deux audiences par semaine (C. proc., art. 8), quand bien même une seule suffirait. Lett. minist. 30 janv. 1841.

Lieu de la tenue des audiences. Le juge de paix est obligé de donner ses audiences au chef-lieu du canton. (L. 29 vent. an IX, art. 9; Lett. minist. 21 oct. 1855). — Mais il peut donner audience chez lui, en tenant les portes ouvertes (*Ibid.*). Toutefois il faut remarquer qu'il n'a cette faculté qu'autant qu'il est domicilié au chef-lieu de canton (Lett. minist. 28 vent. an XI; Circ. minist. 15 sept. 1840). — En matière de simple police, le juge ne peut siéger autre part qu'au prétoire ordinaire. Cass. 4 août 1877.

Tenue de l'audience. Les citoyens qui assistent aux audiences des juges de paix ou des tribunaux de simple police doivent se tenir découverts, dans le respect et le silence. Tout ce que le juge ordonne pour le maintien de l'ordre, doit être exécuté ponctuellement et à l'instant même. Décr. 28 fév.-17 avril 1791 ; C. proc. civ., art. 88.

Le juge de paix peut condamner les parties qui lui manquent de respect à une amende qui n'excède pas 10 francs (C. proc. civ., art. 10). — Dans le cas d'insulte ou d'irrévérence grave envers le juge, il en dresse procès-verbal et peut condamner à un emprisonnement de trois jours au plus (C. proc. civ., art. 11). — Dans tous les autres cas de crimes, de délits commis à l'audience, il peut suivant les circonstances ou faire arrêter le prévenu ou dresser procès-verbal des faits et renvoyer devant les juges compétents (C. inst. crim., art. 506), ou juger immédiatement en appliquant la loi pénale sous laquelle tombe le fait commis. C. inst. crim., art. 504, 505, 507.

Le juge de paix a le droit de frapper d'une peine disciplinaire l'avocat qui s'écarte du respect dû à la justice. Décr. 20 nov. 1822, art. 16.

Le juge de paix n'a pas, en général, qualité pour prononcer contre les huissiers des peines disciplinaires ni des amendes ni des dommages-intérêts, pour faits relatifs à leurs fonctions, de pareilles condamnations étant uniquement du ressort des tribunaux de première instance (Décr. 14 juin 1813, art. 73 ; Cass. 16 juin 1844). Cependant, dans quelques cas limités, les juges de paix ont le droit de prononcer des condamnations contre les huissiers. Ainsi le juge de paix peut prononcer une amende de 25 à 50 francs contre l'huissier qui se présente devant lui pour assister une partie comme conseil ou comme procureur fondé (L. 25 mars 1838, art. 18, et C. proc. civ., art. 86). Toutefois cette prohibition ne s'applique pas à l'huissier qui plaide sa cause personnelle, celle de sa femme, de ses parents ou alliés en ligne directe et celle de ses pupilles. — Le juge de paix peut également condamner à une amende de 25 francs l'huissier qui a signifié une copie illisible d'exploit, de citation ou de jugement, produite devant lui. (Décr. 9 août 1813 ; L. 2 juin 1862, art. 20.) Enfin, en cas d'infraction aux art. 16, 17 et 18 de la loi du 25 mai 1838, le juge de paix peut défendre aux huissiers de son canton de citer devant lui, pendant un délai de quinze jours à trois mois, sans appel et sans préjudice de l'action disciplinaire des tribunaux et des dommages-intérêts des parties, s'il y a lieu. L. 25 mai 1838, art 19.

Huissiers audienciers. Tous les huissiers du canton sont tenus de faire le service des audiences et d'assister le juge de paix toutes les fois qu'ils en sont requis. — Le juge de paix choisit ses huissiers audienciers (L. 25 mai 1838, art. 16). — Les huissiers audienciers ont le privilége de la signification des jugements par défaut, pour laquelle ils sont ordinairement commis. (C. proc., art. 20.) — Il ne leur est dû aucun salaire pour l'appel des causes en matière de simple police (Décis. minist.

22 déc. 1832), qu'il y ait ou non partie civile en cause (Décis. minist. 27 déc. 1820); mais ils ont droit pour chaque appel de cause civile à 15 centimes. (Décr. 14 juin 1813, art. 94.) — D'ailleurs il appartient aux juges de paix, comme aux autres tribunaux, de faire tel règlement qu'ils jugent nécessaire pour assurer l'ordre du service des huissiers audienciers; mais leurs règlements doivent être soumis à l'approbation des tribunaux de première instance auxquels ils ressortissent. L. 14 juin 1813, art. 23.

Citation. Le Code de procédure, art. 1 à 48, indique la procédure à suivre pour arriver à porter une affaire civile devant le juge de paix.

En matière mobilière et personnelle, la citation doit être donnée devant le juge de paix du domicile, ou, s'il n'y a pas de domicile, de la résidence du défendeur. C. proc., art. 2.

En matière réelle ou lorsqu'il s'agit de dommages aux champs, fruits et récoltes, de déplacement de bornes, d'usurpation de terrains, d'actions possessoires, de réparations locatives, d'indemnités pour non-jouissance de bail non contesté, de dégradations, etc., etc., la citation doit être donnée devant le juge de la situation de l'objet litigieux. C. proc., art. 5.

Les délais de la citation sont réglés par l'art. 5; ils peuvent être abrégés par cédule du juge de paix. Art. 6.

En matière de simple police, la citation ne peut être donnée à un délai moindre de vingt-quatre heures outre le délai de distance (C. inst. crim., art. 146).— La personne citée doit comparaître en personne ou par fondé de procuration spéciale. C. inst. crim., art. 152.

Mise au rôle. Chaque affaire portée devant le juge de paix soit à la suite d'une citation, soit volontairement et sans citation, doit être enregistrée et numérotée sur un registre tenu à cet effet par le greffier (L. 18-26 oct. 1790, tit. VIII, art. 1 et 2). Les inscriptions sur le registre de chaque cause portée à l'audience afin d'y recevoir jugement sont soumises à un droit de mise au rôle de 1 franc en principal. L. 16 nov. 1875, art. 2; Circ. 16 déc. 1875.

Comparution. Au jour fixé par la citation ou convenu entre les parties, elles comparaissent en personne ou par leur fondé de pouvoir, sans qu'elles puissent faire signifier aucune défense. C. proc., art. 9.

Mandat pour représenter une partie. Le mandat verbal donné par une partie, présente devant le juge de paix, pour la représenter, ne donne pas lieu au droit d'enregistrement comme procuration ; mais si le défenseur agit en vertu d'un pouvoir écrit, le jugement doit en faire mention dans ses qualités, et en rappeler l'enregistrement. Décis. minist. des finances 13 juin 1809; Inst. gén. 4 juill. 1809.

Présentation volontaire. Prorogation de juridiction. Les parties peuvent toujours, en matière civile, se présenter volontairement devant un juge de paix; elles peuvent demander qu'il juge leur différend, encore qu'il ne fût leur juge naturel ni à raison du domicile du défendeur ni à raison de la situation de l'objet litigieux. La déclaration des parties qui demandent jugement doit être signée par elles, ou mention est faite si elles ne peuvent signer. C. proc., art. 7.

Toutefois, les parties ne pourraient pas étendre la juridiction du juge de paix à des matières qui lui seraient absolument étrangères, la prorogation ne pouvant être qu'une extension de compétence et non pas une extension d'attribution. (A. Carré, CODE ANNOTÉ, p. 67.) — Les attributions des juges de paix sont limitées aux affaires de nature contentieuse. Les seules transactions sur procès sont de leur ressort et ils ne peuvent, sous prétexte de conciliation ou de prorogation de juridiction, recevoir des conventions ou des notes qui ne seraient pas la suite d'une conciliation ou le terme d'un procès. Il leur est expressément défendu de s'entremettre dans les conventions ordinaires des parties, telles que ventes, baux, obligations, quittances, etc., et dans les inventaires. Circ. 29 brum. an V.

Saisie-gagerie. Dans les cas où la saisie-gagerie ne peut avoir lieu qu'en vertu de permission de justice, cette permission est accordée par le juge de paix du lieu où la saisie est faite, toutes les fois que les causes sont de sa compétence. S'il y a opposition de la part des tiers pour des sommes qui, réunies, excéderaient cette compétence, le jugement en doit être déféré aux tribunaux de première instance. L. 25 mai 1838, art. 10.

Action civile. En matière de simple police, l'action civile des personnes lésées par la contravention peut être portée devant le juge de police en même temps que l'action publique. (C. inst. crim., art. 3). — L'étendue de la compétence des tribunaux de police est sans limite au point de vue pécuniaire ; cette omnipotence s'applique non pas seulement à l'indemnité réclamée par la partie civile, mais à toutes les réparations qui peuvent lui être dues. (Jurisprudence constante). — Si l'action civile n'a pas été intentée en même temps que l'action publique, elle peut faire l'objet d'une action distincte devant la juridiction civile, et dans ce cas le juge de paix peut en connaître, si elle n'excède pas le taux de sa compétence telle qu'elle est réglée par les divers articles de la loi de 1838.

Demandes réunies. Lorsque, en matière civile, plusieurs demandes formées par la même partie sont réunies dans une même instance, le juge de paix ne prononce qu'en premier ressort, si la valeur totale s'élève au-dessus de 100 francs, lors même que quelqu'une de ces demandes serait inférieure à cette somme ; il est incompétent sur le tout, si ces demandes excèdent par leur réunion les limites de sa juridiction. L 25 mai 1838, art. 9.

Demandes reconventionnelles. Les juges de paix connaissent de toutes les demandes reconventionnelles ou en compensation qui, par leur nature ou leur valeur, sont dans les limites de leur compétence, alors même que, dans les cas prévus par l'article 1er de la loi du 25 mai 1838, ces demandes réunies à la demande principale s'élèveraient au-dessus de 200 francs. — Ils connaissent, en outre, à quelque somme qu'elles puissent monter, des demandes reconventionnelles en dommages-intérêts fondées exclusivement sur la demande principale elle-même. (L. 25 mai 1838, art. 7). — Lorsque chacune des demandes principales, reconventionnelles ou en compensation sera dans les limites de la compétence du juge de paix en dernier ressort, il prononcera sans qu'il y ait lieu à appel. Si l'une de ces demandes n'est susceptible d'être jugée qu'à charge d'appel, le juge de paix ne prononcera sur toutes qu'en premier ressort ; si la demande reconventionnelle ou en compensation excède les limites de sa compétence, il pourra, soit retenir le jugement de la demande principale, soit renvoyer sur le tout à se pourvoir devant le tribunal de première instance, sans préliminaire de conciliation. L. 25 mai 1838, art. 8.

de just**éidents d'audience** : RÉCUSATION DES JUGES
juge PAIX, voir p. 19.

les — FAUX INCIDENTS ; DÉNÉGATION D'ÉCRITURE. Lorsqu'une partie déclarera vouloir s'inscrire en faux, déniera l'écriture ou déclarera ne pas la reconnaître, le juge lui en donnera acte, paraphera la pièce et renverra la cause devant les juges qui doivent en connaître. C. proc., art. 14.

Exceptions. Avant que les débats s'engagent au fond, le défendeur peut présenter des exceptions : il peut exciper de l'incompétence du juge, de la nullité de la citation, de celle des procès-verbaux, etc., etc. On appelle *exception préjudicielle* celle qui doit être jugée avant toute autre. Les articles 182 et 189 du Code forestier contiennent la définition des exceptions préjudicielles qui peuvent être proposées devant les tribunaux de simple police. (C. forest., art. 182 et 189.) — L'exception *judicatum solvi* est une exception qui peut être opposée à tout étranger demandeur dans le but de l'obliger à garantir le payement des frais et dommages-intérêts auxquels il pourra être condamné. (C. civ., art. 16 ; C. proc., art. 166.) En général, les exceptions sont les moyens de défense par lesquels on repousse une demande sans la contester directement.

Mise en cause de garants. Voir C. proc. civ., art. 32 et suiv.

Visites des lieux. Voir C. proc., art. 41 et suiv.

Enquêtes. Les enquêtes auxquelles les juges de paix procèdent sur les affaires de leur compétence civile sont régies par les articles 36 à 40 du Code de procédure civile. — Si les reproches formulés par les parties contre des témoins et avant leur audition sont admis, leurs témoignages ne doivent pas être entendus, quoique l'affaire soit susceptible d'appel. (Cass. 24 juill. 1853; Cass. 31 juill. 1876.) Cependant cette question est controversée. V. A. Carré, CODE ANNOTÉ, art. 283 C. proc. — L'enquête ou la déposition déclarée nulle par la faute du juge doit être recommencée à ses frais. C. proc. civ., art. 292. — Les témoins, appelés sur simple avertissement, ont droit aux mêmes indemnités que les témoins appelés par citation régulière. La même marche doit être suivie pour arriver au payement des uns et des autres. Décis. minist. 30 mai 1826.

En matière de simple police, les personnes désignées en l'art. 156 C. inst. crim. ne doivent être ni appelées ni entendues; cependant leur audition n'entraîne point nullité lorsque ni le ministère public, ni la partie civile, ni le prévenu ne se sont opposés à l'audition. C. inst. crim., art. 156.

Jugements. Les jugements sont : ou préparatoires, ou interlocutoires, ou définitifs. — *Préparatoires,* lorsqu'ils sont rendus pour l'instruction de la cause et tendent à mettre le procès en état de recevoir jugement définitif. (C. proc., art. 452,

§ 1er.) — *Interlocutoires*, lorsqu'ils ordonnent une expertise, une mesure d'instruction, visite de lieux, enquête, serment, vérification quelconque pouvant préjuger le fond du débat. — Les jugements *définitifs* sont ceux qui terminent une contestation; ils sont ou contradictoires ou par défaut. — *Contradictoires*, lorsque les parties sont présentes à l'audience et ont fait valoir leurs moyens de défense. — *Par défaut*, lorsqu'une ou plusieurs des parties ne se sont pas présentées au jour fixé par la citation pour la comparution et que le juge n'a pu vérifier que les seules conclusions des parties présentes. (C. proc. civ., art. 19 et 150; L. Million, GREFFE, GREFFIERS, *Jugement.*) — Au point de vue du degré de juridiction, les jugements sont ou en premier ou en dernier ressort: — en *premier ressort*, s'ils sont susceptibles d'appel; — en *dernier ressort*, s'ils n'en sont pas *susceptibles*. Ibid.

Les jugements doivent être rédigés aussitôt que rendus et, si des obstacles s'y opposent, on doit en rédiger le dispositif au moins dans les vingt-quatre heures du jour où ils ont été prononcés. (Circ. minist. 19 janv. 1792.) — Les jugements rendus sans l'assistance des greffiers sont radicalement nuls. (Boncenne, t. Ier, p. 569.) — Les jugements doivent statuer sur toutes les questions soumises au juge, mais sur ces questions seulement. (Cass. 6 août 1836.) — Il est défendu aux juges de paix de rendre jugement sur des actes non enregistrés, à peine d'être responsables des droits. (L. 22 frim. an VII, art. 47). — Il faut mettre dans la rédaction des jugements toute la clarté et la précision possibles. (Circ. minist. 30 vend. an IV.) — Aucune citation de doctrine ou de jurisprudence n'y doit figurer. (ANNALES 1864, p. 37.) — Dans les jugements de police, la concision doit être telle que ces jugements ne doivent donner lieu qu'à deux rôles d'expédition et exceptionnellement à trois. (Circ. minist. 18 janv. 1855.) — La présence du ministère public doit y être constatée, ainsi que ses conclusions. Jurispr. constante.

Péremption des interlocutoires. Dans le cas où un interlocutoire est ordonné, la cause doit être jugée définitivement, au plus tard, dans le délai de quatre mois du jour du jugement interlocutoire ; après ce délai, l'instance est périmée de droit. — Si l'instance est périmée par la faute du juge, il est passible de dommages-intérêts. C. proc., art. 15.

Opposition aux jugements par défaut. L'opposition aux jugements par défaut doit être formée dans les trois jours de la notification faite par l'huissier commis. (C. proc., art. 20.) — Le juge de paix peut allonger le délai de l'opposition et relever de la déchéance un défaillant qui justifie de raisons graves et d'ignorance de la procédure, par suite de maladie ou d'absence. C. proc., art. 21.

Exécution des jugements des juges de paix. Les juges de paix ne connaissent pas de l'exécution de leurs jugements. Les tribunaux civils peuvent seuls apprécier les contestations auxquelles l'exécution des jugements des juges de paix peut donner lieu, encore bien qu'il s'agisse de sommes inférieures à 200 francs. Bioche, DICTIONN. DES JUST. DE PAIX, *Appel*, n° 70.

Exécution provisoire. Les juges de paix, toutefois, doivent ordonner l'exécution provisoire de leurs jugements dans tous les cas où il y a titre authentique, promesse reconnue ou condamnation précédente dont il n'y a point eu d'appel. Dans tous les autres cas, le juge pourra ordonner l'exécution provisoire, nonobstant appel, sans caution, lorsqu'il s'agira de pension alimentaire et lorsque la somme n'excédera pas 300 francs, et avec caution au-dessus de cette somme. La caution sera reçue par le juge de paix. (L. 25 mai 1838, art. 11.) — L'exécution provisoire peut être ordonnée sur la minute du jugement, avec ou sans caution, suivant les règles ci-dessus, lorsqu'il y a péril en la demeure. (L. 23 mai 1838, art. 12.) — L'exécution sur minute a lieu sans signification préalable du jugement, et même avant tout enregistrement. Le greffier, dans ce cas, confie à l'huissier commis la minute du jugement qui doit être rétablie au greffe après l'opération. A. Carré, CODE ANNOTÉ, '54.

Caution. Le juge de paix, dans les cas où il ordonne l'exécution provisoire de ses jugements, statue sur la solvabilité de la caution offerte par celui qui veut exécuter. L. 25 mai 1838, art. 11.

Appel. L'appel des jugements de justice de paix n'est recevable, en matière civile, ni avant les trois jours qui suivent la prononciation du jugement, à moins qu'il n'y ait lieu à exécution provisoire, ni après les trente jours qui suivront la signification à l'égard des personnes domiciliées dans le canton; les personnes domiciliées hors du canton ont, pour interjeter appel, outre le délai de trente jours, le délai réglé par les art. 73 et 1032 du Code de procédure civile. (L. 25 mai 1838, art. 13.) — La qualification de jugement en premier ou dernier ressort n'influe pas sur la recevabilité de l'appel. Aussi sont sujets à l'appel les jugements qualifiés en dernier ressort qui statuent sur les questions de compétence ou sur des matières que le juge de paix ne pouvait connaître qu'en premier ressort; néanmoins, si le juge de paix s'est déclaré compétent, l'appel ne peut être interjeté qu'après le jugement définitif. (L. 25 mai 1838, art. 14.) — L'amende d'appel des jugements civils de justice de paix est de 5 francs. C. proc. civ., art. 471.

En matière de simple police, les conditions de l'appel des jugements rendus par les juges de paix sont réglées par l'art. 172 du Code d'instruction criminelle.

Les appels des jugements rendus en matière correctionnelle par les juges de paix d'Algérie à compétence étendue doivent être portés au tribunal dans la circonscription duquel est située la justice de paix. Décr. 19 août 1854, art. 3.

Recours en cassation. En matière civile, le recours en cassation contre les jugements rendus par les juges de paix n'est recevable que pour excès de pouvoir. (L. 25 mai 1838, art. 15.) — Le délai pour se pourvoir en cassation est de deux mois, à compter du jour où la signification de la décision, objet du pourvoi, aura été faite à personne ou à domicile. L. 9 mai-2 juin 1862, art. 1. – Il y a lieu à cassation des jugements rendus par les tribunaux de police, pour excès de pouvoir et pour violation de la loi. (C. instr. crim., art. 408, 413.) — Le délai pour se pourvoir en cassation contre ces jugements est de trois jours (C. instr. crim., art. 393) ; mais le demandeur en cassation a dix jours à partir de la déclaration du pourvoi, pour déposer au greffe de la Cour la requête contenant ses moyens. C. instr. crim., art. 422.

JURIDICTION CIVILE.

ATTRIBUTIONS ET COMPÉTENCE DU JUGE DE PAIX COMME JUGE CIVIL AU CONTENTIEUX.

Attributions judiciaires civiles contentieuses. Le juge de paix comme tribunal connaît :

Sans appel jusqu'à 100 *francs et avec appel jusqu'à* 200 *francs :*

De toutes les actions purement personnelles et mobilières. L. 25 mai 1838, art. 1.

Sans appel jusqu'à 100 *francs et avec appel jusqu'à* 1 500 *francs :*

1° Des contestations entre hôteliers, aubergistes ou logeurs et les voyageurs ou locataires en garni pour dépenses d'hôtellerie et perte ou avarie d'effets déposés dans l'auberge ou dans l'hôtel ; entre les voyageurs, voituriers ou bateliers pour retard, frais de route et perte ou avarie d'effets accompagnant les voyageurs ; entre les voyageurs et les carrossiers et autres ouvriers pour fournitures, salaires et réparations faites aux voitures de voyage. L. 25 mai 1838, art. 2 ;

2° Des indemnités demandées par le locataire ou le fermier pour non-jouissance provenant du fait du propriétaire lorsque le droit à l'indemnité n'est pas contesté. L. 25 mai 1838, art. 4;

3° Des dégradations et pertes prévues par les art. 1732 et 1735 du Code civil, sauf les pertes causées par incendie ou inondations, pour lesquelles ils ne sont compétents que jusqu'à 200 francs. L. 25 mai 1838, art. 4.

Sans appel jusqu'à 100 francs, avec appel à quelque valeur que s'élève la demande :

1° Des actions en payement de loyer ou fermage, expulsion des lieux ou demande en validité de saisie-gagerie lorsque les locations verbales ou par écrit n'excèdent pas annuellement 400 francs. L. 25 mai 1838, art. 3; L. 2 mai 1855, art. 1er.

Si le prix principal du bail consiste en denrées ou prestations en nature, voir l'art. 3 de la loi du 25 mai 1838 pour le déterminer;

2° Des actions pour dommages faits aux champs, fruits et récoltes soit par l'homme, soit par les animaux, et de celles relatives à l'élagage des arbres ou haies, et au curage soit des fossés, soit des canaux servant à l'irrigation des propriétés et au mouvement des usines lorsque les droits de propriété ou de servitude ne sont pas contestés. L. 25 mai 1838, art. 5;

3° Des réparations locatives des maisons ou fermes, mises par la loi à la charge du locataire. L. 25 mai 1838, art. 5;

4° Des contestations relatives aux engagements

respectifs des gens de travail au jour, au mois et à l'année, et de ceux qui les emploient; des maîtres et des domestiques ou des gens de service à gages; des maîtres, de leurs ouvriers ou apprentis, sans néanmoins qu'il soit dérogé aux lois et aux règlements relatifs à la juridiction des prud'hommes. L. 25 mai 1838, art. 5, § 3.

Il en est ainsi spécialement en ce qui concerne l'industrie de la papeterie; les contestations qui s'élèvent entre les patrons et ouvriers de cette industrie relativement aux salaires et engagements de travail doivent être portées devant les juges de paix des cantons où se trouvent les papeteries, qui ont mission d'y statuer, en premier ou dernier ressort, dans les limites de leur compétence. Arrêté 16 fruct. an V, art. 18;

5° Des contestations relatives au payement des nourrices, sauf ce qui est prescrit, par les lois et règlements d'administration publique, à l'égard des bureaux de nourrices de la ville de Paris et de toutes les autres villes. L. 25 mai 1838, art. 5, § 4.

Les jugements et actes nécessaires à leur exécution, intervenus dans les contestations relatives aux faits prévus par les nos 4 et 5 ci-dessus, formant les nos 3 et 4 de la loi du 25 mai 1838, doivent, aux termes de l'art. 27 de la loi du 22-30 janv. 1851, être rédigés sur papier visé pour timbre et enregistrés en débet. L. 7 août 1850.

6° Des actions civiles pour diffamations verbales ou pour injures publiques ou non publiques, verbales ou par écrit, autrement que par la voie de la presse, pour rixes ou voies de fait, le tout lorsque les parties ne se sont pas pourvues par la voie criminelle. L. 25 mai 1838, art. 5.

A charge d'appel, ils connaissent :

1° Des entreprises commises dans l'année sur les cours d'eau servant à l'irrigation des propriétés et au mouvement des usines ou moulins, sans préjudice des attributions de l'autorité administrative, dans les cas déterminés par les lois et règlements; des dénonciations de nouvel œuvre, complaintes, actions en réintégrande et autres actions possessoires fondées sur des faits également commis dans l'année. L. 25 mai 1838, art. 6 ;

2° Des actions en bornage et de celles relatives à la distance prescrite par la loi, les règlements particuliers, l'usage des lieux pour les plantations d'arbres ou de haies, lorsque la propriété et les titres qui l'établissent ne sont pas contestés. L. 25 mai 1838, art. 6 ;

3° Des actions relatives aux constructions et travaux énoncés dans l'article 674 du Code civil, lorsque la propriété ou la mitoyenneté du mur ne sont pas contestées. L. 25 mai 1838, art. 6;

4° Des demandes en pension alimentaire n'excédant pas 150 francs par an, et seulement lorsqu'elles sont formées en vertu des art. 205, 206, 207 C. civ. L. 25 mai 1838, art. 6.

Juges de paix à compétence étendue. En Algérie, la compétence des juges de paix peut être étendue par décret du chef de l'Etat dans les localités où cette extension est jugée nécessaire. (Décr. 19 août 1854, t. 1er.) —Voir, pour la classification des justices de paix à compétence étendue d'Algérie, le décret du 6 avril 1877.

Les juges de paix à compétence étendue connaissent de toutes les actions personnelles et mobilières, en matière civile et commerciale, en dernier ressort, jusqu'à la valeur de 500 francs, et en premier ressort seulement, jusqu'à celle de 1 000 francs. — Ils exercent, en outre, les fonctions des présidents des tribunaux de première instance, comme juges de référés, en toutes matières, et peuvent, comme eux, ordonner toutes mesures conservatoires. Décr. 19 août 1854, art. 2.

De quelques matières rentrant dans la compétence des juges de paix et conditions de cette compétence.

Apprentissage. Les demandes à fin d'exécution, de résiliation de contrat d'apprentissage sont jugées par le conseil des prud'hommes dont le maître est justiciable, à défaut par le juge de paix du canton. Mais les réclamations contre des tiers pour détournements de l'apprenti de chez son patron doivent être portées devant le juge du lieu de leur domicile. L. 22 févr. 1851, art. 18.

Les indemnités ou les restitutions qui peuvent être dues à l'une ou à l'autre des parties en vertu de la loi sur l'apprentissage sont jugées également par le juge de paix, à défaut de conseil des prud'hommes. Même loi, art. 19.

Les jugements rendus en cette matière et actes nécessaires à leur exécution doivent être rédigés sur papier visé pour timbre et enregistrés en débet. L. 7 août 1850; L. 22 janv. 1851, art. 27.

Associations syndicales. Voir *Syndicats.*

Canal du Midi. Les contestations relatives à l'exécution du règlement de navigation et aux entreprises des riverains du canal doivent être portées devant les juges de paix de la situation, quand elles sont dans les limites de leur compétence. L. 21 vendém. an V, art. 25.

Chemins vicinaux. Les arrêtés du préfet portant reconnaissance et fixation de la largeur d'un chemin vicinal attribuent définitivement au chemin le sol compris dans les limites qu'ils déterminent; le droit des propriétaires riverains se résout en une indemnité qui est réglée à l'amiable ou par le juge de paix du lieu de la situation du terrain litigieux, sur rapport d'experts (L. 21 mai 1836, art. 15).—En cas d'ouverture ou de redressement de chemins vicinaux, il peut y avoir lieu à expropriation. Le jury qui doit y procéder est composé de quatre jurés dirigés et présidés ou par un membre du Tribunal civil ou par le juge de paix du canton. L. 21 mai 1836, art. 16.

Doryphora. Voir *Phylloxera*.

Douanes. Les juges de paix connaissent en première instance des saisies en matière de douanes et des contestations concernant le refus de payer les droits, le non-rapport des acquits-à-caution et autres affaires civiles relatives aux douanes, de la contrebande et fraude, de l'opposition à l'exercice des préposés, des injures et menaces faites à ces préposés dans l'exercice de leurs fonctions. L. 14 fruct. an III, art. 10; Décr. 4 germ. an II, tit. VI, art. 8, 12 et 13; L. 9 flor. an VII, tit. IV, art. 13; L. 17-19 déc. 1814, tit. III et IV; L. 27-29 mars 1817, art. 12-14 et 15; L. 21 et 23 avril 1818, art. 35 et 36; Règl. 28 avril 1816, art. 41 et 62.

En matière de douanes, le juge est tenu de rendre de suite son jugement. Si les circonstances nécessitent un délai, ce délai ne peut excéder cinq jours, et dans ce cas le jugement de renvoi autorise la vente des marchandises sujettes à dépérissement et des chevaux saisis comme ayant servi au transport (L. 9 flor. an VII, tit. IV, art. 13, et L. 17-19 déc. 1814, tit. III, art. 21). — Mais le juge de paix doit se déclarer incompétent dans les cas où la récidive est constatée (L. 17-19 déc.

1814, tit. III, art. 18). — S'il s'élève des doutes sur l'espèce, l'origine ou la qualité des produits saisis, soit pour l'application des droits, des primes ou des privilèges coloniaux, le juge de paix doit ordonner le renvoi de l'affaire au comité d'expertise légale institué près le ministère de l'agriculture et du commerce (L. 27 juill. 1822, art. 19); ou au moins, dans le cas où la contestation s'élève entre un importateur étranger et la douane française, procéder conformément aux stipulations de la convention internationale du 24 janv. 1874, art. 4.

Dans les contestations de douanes, le juge de paix compétent est celui dans le canton duquel se trouve le bureau de douanes ou, à défaut, celui où le procès-verbal a été clos (L. 4 germ. an II, art. 12; L. 14 fruct. an III, art. 3; L. 9 flor. an VII, art. 6; L. 17 déc. 1814, tit. III, art. 16; L. 27 mars 1817, art. 14). — Il ne peut modérer ni les droits, ni l'amende, ni la confiscation, sous peine d'en répondre personnellement. L. 4 germ. an II, tit. VI, art. 22 et 23.

Conservation des tombes des soldats morts dans la dernière guerre. Les indemnités dues pour l'expropriation des terrains consacrés aux tombes des soldats morts pendant la dernière guerre, pour l'occupation temporaire des terrains où ils ont été provisoirement inhumés et pour les servitudes dont peuvent être frappés les terrains environnants, sont réglées à l'amiable ou par un jury composé conformément aux dispositions de la loi du 21 mai 1836, c'est-à-dire de quatre jurés présidés ou par un membre du Tribunal civil ou par le juge de paix du canton où se trouvent lesdits terrains. L. 4-5 avril 1873, art. 4.

Drainage. Voir *Eaux*.

Eaux. Les contestations auxquelles peuvent donner lieu l'établissement et l'exercice de la servitude de conduite d'eau, la fixation du parcours des eaux, l'exécution des travaux de drainage ou d'assèchement, les indemnités et les frais d'entretien, sont portées, en premier ressort, devant le juge de paix du canton des fonds traversés, qui, en prononçant, doit concilier les intérêts de l'opération avec le respect dû à la propriété ; s'il y a lieu à expertise, il peut n'être nommé qu'un seul expert. L. 10-15 juin 1854, art. 5.

Elections. L'appel des décisions des commissions municipales, spéciales en matière d'élection, est porté devant le juge de paix du canton ; il est formé par une simple déclaration au greffe ; le juge de paix doit statuer dans les dix jours sans frais ni forme de procédure et sur simple avertissement donné trois jours à l'avance à toutes les parties intéressées. Toutefois, si la demande portée devant le juge de paix implique la solution préjudicielle d'une question d'état, il doit renvoyer préalablement les parties à se pourvoir devant les juges compétents, et fixer un bref délai dans lequel la partie qui a élevé la question préjudicielle doit justifier de ses diligences; il est alors procédé conformément aux articles 855, 856, 858 du Code de procédure. — La décision du juge de paix est en dernier ressort, mais elle peut être déférée à la Cour de cassation; le pourvoi doit être formé dans les dix jours de la notification de la décision : les pièces sont transmises sans frais par le greffier de la justice de paix à la Cour de cassation. Tous les actes judiciaires, en matière d'élection, sont dispensés de timbre et enregistrés gratis. Décr.-loi 2 fév. 1852, art. 20 à 24; décr. régl. 2 fév. 1852, art. 5, 6 et suiv.; L. 7 juill. 1874, art. 3.

Enregistrement. Les juges de paix connaissent, dans les limites de leur compétence générale, des actions en dissimulation de prix de vente, échange et partage, intentées par l'administration de l'enregistrement. L. 25 août 1871, art. 13.

Fabriques d'église. Les juges de paix connaissent, dans les limites de leur compétence générale, des contestations relatives aux revenus des fabriques. Décr. 30 déc. 1809, art. 80.

Marais et terres incultes appartenant aux communes. La loi du 10-15 juin 1854, relative au libre écoulement des eaux provenant du drainage, est applicable aux travaux exécutés en vertu de la loi du 28 juillet-4 août 1860, c'est-à-dire que les contestations qui naissent à propos de ces travaux doivent être portées, en premier ressort, devant le juge de paix de la situation des lieux, qui, en prononçant, doit concilier les intérêts de l'opération avec le respect dû à la propriété ; s'il y a lieu à expertise, il peut n'être nommé qu'un seul expert. L. 28 juill.-4 août 1860, art. 8.

Marques de quincaillerie et coutellerie. Le juge de paix du canton, à défaut des prud'hommes, statue sur la validité de la saisie des ouvrages de quincaillerie et de coutellerie dont la marque a été contrefaite. L. 5 sept. 1810, art. 8 et 9.

Octrois et ponts à péages. Les contestations civiles qui peuvent s'élever sur l'application du tarif ou sur la quotité des droits exigés, sont jugées sommairement et sans frais par le juge de paix de l'arrondissement sur lequel siége l'administration municipale, à quelques sommes que le droit contesté puisse s'élever, en dernier ressort ou à charge d'appel, suivant la quotité de la somme.—Avant tout débat, le contestant doit consigner entre les mains du receveur le droit exigé ; il ne peut être entendu que lorsqu'il rapporte au juge la quittance de cette consignation. L. 2 vend. an VIII, art. 1er et 3; L. 27 frim. an VIII, art. 13 et 14; Ordonn. 9 déc. 1814, art. 81 et 82.

Le juge de paix du canton où se trouve la commune la plus rapprochée du passage, et, en cas de distances égales de deux communes, celui dans le canton duquel se trouve la commune dont la population est la plus forte, est seul compétent pour statuer sur les contestations qui peuvent naître en matière de bacs, bateaux et ponts. L. 4 frim. an VII, art. 31, 32 et 33.

Ouvriers. Les contestations relatives à la délivrance des congés et rétention de livrets sont, à défaut de prud'hommes, de la compétence des juges de paix et jugées par eux, parties présentes ou appelées sur simple avertissement. Leurs décisions dans ce cas sont exécutoires sur minutes (L. 14 mai 1851, art. 7 et 8). — Les actes nécessaires à l'exécution de ces décisions, comme ces décisions elles-mêmes, doivent être rédigés sur papier visé pour timbre et enregistrés en débet (L. 7 août 1850; L. 22-30 janv. 1851, art. 27). — Il est à remarquer qu'en quelque lieu que réside l'ouvrier, la juridiction est déterminée non par le domicile du défendeur, mais par le lieu de la situation des manufactures ou ateliers dans lesquels l'ouvrier a du travail. L. 22 germ. an XI, art. 22; décr. 11 juin 1809, art. 11.

A défaut de tribunal de commerce dans la localité, les juges de paix connaissent des demandes de salaires des ouvriers et gens de mer, de la remise des marchandises, de l'exécution des actes de voitures et des contrats d'affrétement dans les ports, pourvu que la demande n'excède pas leur compétence. L. 7 août 1791.

Pêcheries maritimes. Toutes les actions civiles en dommages-intérêts pour contravention au règlement général du 23 juin 1843, sur les pêcheries maritimes situées entre les côtes de France et d'Angleterre, qui n'auraient pas été poursuivies devant la juridiction criminelle sur la plainte des autorités maritimes, ou pour faits relatifs à la pêche entre pêcheurs français ou entre pêcheurs français et anglais, doivent être portées, quel qu'en soit le montant, devant le juge de paix du domicile du défendeur (L. 23 juin-2 juill. 1846, art. 10).—Toutes ces actions se prescrivent par trois mois à compter du jour ou le fait a eu lieu. Même loi, art. 11.

Phylloxera et Doryphora. Les juges de paix connaissent, sans appel jusqu'à la valeur de 100 francs et à charge d'appel, à quelque valeur que la demande puisse s'élever, des contestations relatives aux indemnités réclamées pour perte de récoltes détruites par mesure de précaution pour arrêter les progrès du phylloxera et du doryphora (L. 17 juill. 1878, art. 11). — Aucune indemnité n'est due pour la destruction des récoltes sur lesquelles l'existence du phylloxera ou du doryphora a été constatée. *Ibid.*

Poudres et salpêtres. Les juges de paix sont chargés de statuer sur les dégradations et abus commis par les salpêtriers chez les personnes où des fouilles auront été faites, et de prononcer sur les indemnités dues, sauf le droit de recours aux tribunaux supérieurs. L. 13 fruct. an V, art. 10.

Réquisitions militaires. Les juges de paix statuent sur simple avertissement, en dernier ressort, jusqu'à 200 francs inclusivement, et en premier ressort jusqu'à 1500 francs inclusivement, sur les indemnités dues pour réquisitions militaires (L. 3 juill. 1877, art. 26). — Les juges de paix appellent en conciliation le fonctionnaire de l'intendance chargé par le ministre de la guerre de fixer l'indemnité. Les procès-verbaux de non-conciliation pour les réclamations supérieures à 1 500 francs sont remis directement aux intéressés (Déc. 2 août 1877, art. 56). — Les procès-verbaux, certificats, significations, jugements, contrats, quittances et actes faits en vertu de la loi du 3 juillet 1877, et exclusivement relatifs au règlement des indemnités, sont dispensés du timbre et enregistrés gratis, lorsqu'il y a lieu à cette formalité. L. 13 déc. 1878.

Sels. Le juge de paix des arrondissement ou canton où la fraude est constatée sont seuls compétents, sauf appel, pour connaître des contraventions, commises par moins de trois personnes, aux lois et règlements relatifs à la perception des taxes établies sur les sels.—L'amende de 100 francs qu'il doit prononcer est individuelle. L. 17-19 déc. 1814, tit. IV, art. 29.

Syndicats. Lorsqu'il y a lieu à l'établissement de servitudes conformément aux lois, au profit d'associations syndicales, les contestations sont jugées suivant les dispositions de l'article 5 de la loi du 10-15 juin 1854, c'est-à-dire en premier ressort, par le juge de paix de la situation des lieux, qui, en prononçant, doit concilier les intérêts de l'opération avec le respect dû à la propriété ; s'il y a lieu à expertise, il peut n'être nommé qu'un seul expert. L. 21 juin 1865, art. 19.

Télégraphie. Le juge de paix fixe l'indemnité due pour déplacement des objets qui gênent la transmission des signaux sur les lignes de télégraphie aérienne déjà établies. L. 27 déc. 1851, art. 9.

Tombes des soldats morts pendant la dernière guerre. V. *Conservation*.

Vices rédhibitoires. Le juge de paix est chargé de l'application de la loi du 20 mai 1838, sur les vices *rédhibitoires* des animaux domestiques, dans le cas où la demande n'excède pas 200 francs, et n'a pas le caractère commercial. A. Carré, CODE ANNOTÉ, p. 213.

JURIDICTION CONCILIATOIRE.

ATTRIBUTIONS DU JUGE DE PAIX COMME CONCILIATEUR.

Attributions du juge de paix comme conciliateur. Aucune demande principale introductive d'instance entre parties capables de transiger, et sur des objets qui peuvent être la matière d'une transaction, ne doit être reçue devant les tribunaux de première instance, que le défendeur n'ait été préalablement appelé en conciliation devant le juge de paix, ou que les parties n'y aient volontairement comparu. C. proc., art. 48.

Les art. 49 et suivants du Code de procédure indiquent : les demandes dispensées du préliminaire de conciliation, le juge qui doit en connaître, le délai et la forme de la comparution. — L'art. 50 indique devant quel juge la conciliation doit être portée.

Si le juge de paix peut parvenir à concilier les parties, il en dresse un procès-verbal, et les conventions qu'il y constate ont force d'obligations privées; s'il ne peut y réussir, il fait simplement mention que les parties n'ont pu s'accorder. C. proc., art. 54.

Si l'une des parties défère le serment à l'autre, le juge de paix le reçoit ou fait mention du refus de le prêter (C. proc., art. 55) ; mais il ne peut le déférer d'office. A. Carré, Code annoté, p. 86.

Voir, pour les effets et les résultats de l'assignation en conciliation, les art. 56 et 57 C. proc.

Les juges de paix ne sont pas seulement conciliateurs pour les causes qui doivent être jugées par les tribunaux civils. — Ils le sont même pour celles qui doivent être portées devant eux.

Les juges de paix peuvent toujours exiger la comparution personnelle des parties (Circ. 6 juin 1838). — Ils ne doivent admettre de fondé de pouvoirs qu'en cas d'empêchement de la partie de se présenter elle-même (Lett. du parquet de la Seine du 31 juill. 1854). — Quand la partie comparait en personne, le juge de paix peut lui interdire de se faire assister d'un homme de loi, s'il estime que la présence de celui-ci peut rendre inutiles les efforts de la conciliation. Lett. minist., 15 mars 1822 ; Circ. 6 juin 1832; Lett. du parquet de la Seine, 31 juill. 1854.

Les juges de paix peuvent défendre aux huissiers du canton, pour toutes les causes, excepté celles où il y a péril en la demeure et celles dans lesquelles le demandeur est domicilié hors du canton ou des cantons de la même ville, de donner la citation sans qu'au préalable les parties aient été appelées en conciliation au moyen d'un avertissement sur timbre (L. 25 mai 1838, art. 17; L. 2 mai 1855; L. 25 août 1871, art. 21). — En cas d'infraction à cette disposition de la part de l'huissier, il supportera, sans répétition, les frais de l'exploit. L. 2 mai 1855, art. 2.

L'audience des personnes appelées par billet d'avertissement ou par citation en conciliation doit se tenir dans le cabinet du juge de paix, ou, si elle se tient dans la salle ordinaire, les portes en doivent être fermées, car le huis clos est un des éléments et des moyens essentiels de la conciliation. DICTIONNAIRE DES JUST. DE PAIX, 3e édit., *Conciliation*, n° 19; A. Carré, CODE ANNOTÉ, p. 85.

Tableau alphabétique des demandes qui sont dispensées du préliminaire de conciliation. C. proc., art. 49.

Arrérages de rentes ou pensions (les demandes d').

Célérité (les demandes qui requièrent).

Commerce (les demandes en matières de).

Communes (les demandes qui intéressent les).

Communications (les demandes sur les).

Curateurs aux successions vacantes (les demandes qui intéressent les).

Désaveu (les demandes en).

Etablissements publics (les demandes qui intéressent les).

Etat (les demandes qui intéressent l').

Exécution de jugements (les demandes relatives à l'). Limoges, 2 juin 1841.

Fermages (les demandes en payement de).

Frais des avoués (les demandes en payement des).

Frais des notaires (les demandes en payement des). L. 21 vent. an XI, art. 1er.

Garantie (les demandes en).

Incidentes (les demandes).

Interdits (les demandes qui intéressent les).

Intervention (les demandes en).

Loyers (les demandes en payement de).

Mainlevée de saisie ou opposition (les demandes en).

Mineurs (les demandes qui intéressent les).

Mise en liberté (les demandes en).

Offres réelles (les demandes en validité d').

Opposition à mariage. Arg. de la célérité.

Ordre public (les demandes qui intéressent l').

Plus de deux parties (les demandes formées contre).

Prise à partie (la).

Règlement de juge (les demandes en).

Remises de titre (les demandes de).

Renvoi (les demandes en).

Saisie (les demandes formées sur).

Séparation de biens (les demandes en).

Séparation de corps (les demandes en) Arg. de la loi.

Tiers saisi (les demandes contre un).

Tutelle (les demandes sur la).

Vérifications d'écritures (les demandes en).

Vices rédhibitoires (action pour).

JURIDICTION FAMILIALE.

ATTRIBUTIONS DU JUGE DE PAIX COMME MAGISTRAT DE FAMILLE.

Conseil de famille. Le juge de paix préside et dirige les conseils de famille (L. 16 août 1790; C. civ. 406). — Il peut provoquer lui-même, et d'office, la réunion d'un conseil de famille pour un mineur (C. civ., art. 406). — Cette convocation d'office est même obligatoire dans certains cas, notamment dans le cas où le juge a reçu une signification du Crédit foncier lui dénonçant un emprunt que le tuteur se propose de faire. L. 18 juin 1853, art. 23.

Le juge de paix appelle ou convoque les parents qui doivent faire partie du conseil de famille; à défaut de parents domiciliés à une distance de moins de deux myriamètres, il peut appeler des citoyens connus dans la commune pour avoir eu des relations habituelles d'amitié avec le père ou la mère du mineur (C. civ., art. 409). — Il peut permettre de citer et de convoquer au conseil de famille des parents qui sont hors de la distance de deux myriamètres (C. civ., art. 410).— Il règle le délai pour comparaître, de manière qu'il y ait au moins trois jours, plus le délai des distances, entre la convocation et la réunion (C. civ., art. 411). — Il peut prononcer, sans appel, une amende de 50 francs contre les parents qui, convoqués régulièrement, ne comparaissent pas (C. civ., art. 413). — Le refus de délibérer de la part d'un membre régulièrement convoqué ne donnerait pas lieu à l'application de l'amende édictée par l'article 413 (Cass. 10 déc. 1828); mais si, par suite de ce refus, le conseil de famille ne se trouvait pas en nombre pour délibérer, le membre récalcitrant pourrait être déclaré passible des frais occasionnés et de dommages-intérêts envers le mineur (DICT. GÉN. DES JUST. DE PAIX, *Conseil de famille*, n° 130). — Le juge de paix peut toujours ajourner une assemblée de famille ou la proroger (C. civ., art. 414). — Il désigne le local où se tient une assemblée de famille; en l'absence de désignation, elle se tient chez lui. — La présence des trois quarts au moins de ses membres est nécessaire pour toute délibération (C. civ., art. 415). — Le juge de paix a voix prépondérante en cas de partage. Art. 416.

TABLEAU DES ATTRIBUTIONS DU CONSEIL DE FAMILLE.

1. Autorisation de s'opposer au mariage. C. civ., art. 175;

2. Autorisation au subrogé tuteur de passer bail au tuteur. C. civ., art. 450;

3. Autorisation au tuteur de conserver des meubles en nature. C. civ., art. 452;

4. Autorisation au tuteur de s'aider dans sa gestion d'administrateurs salariés. C. civ., art. 454;

5. Autorisation au tuteur d'emprunter, d'aliéner des immeubles ou d'hypothéquer. C. civ., art. 457. C. proc. civ., art. 953, 955;

6. Autorisation pour accepter ou répudier une succession échue à un mineur, même du vivant de ses père et mère. C. civ., art. 461, 776;

7. Autorisation pour reprendre une succession répudiée. C. civ., art. 462;

8. Autorisation pour accepter une donation. C. civ., art. 463, 935;

9. Autorisation pour intenter une action relative aux droits immobiliers du mineur ou y acquiescer. C. civ., art. 464;

10. Autorisation pour provoquer un partage. C. civ., art. 465, 817;

11. Autorisation pour transiger. C. civ., art. 467, 2045;

12. Autorisation pour provoquer la réclusion du mineur. C. civ., art. 468;

13. Autorisation à un mineur émancipé d'emprunter. C. civ., art. 483;

14. Autorisation à un mineur émancipé de vendre et d'aliéner ses immeubles. C. civ., art. 484;

15. Autorisation en restriction de l'hypothèque

égale du mineur. C. civ., art. 2141, 2143; de la femme. C. civ., art. 2144 ;

16. Autorisation en restriction de l'hypothèque légale de la femme, si elle n'est pas réduite par le contrat de mariage. C. civ., art. 2140, 2144;

17. Autorisation pour le transfert de rentes au-dessus de 50 francs (L. 24 mars 1806); et pour le transfert des actions de la Banque de France. Décr. 24 sept. 1813;

18. Autorisation de déférer à la réquisition de sortie d'un aliéné de l'établissement où il a été placé. L. 30 mai 1838, art. 14 ;

19. Autorisation au mineur émancipé de faire le commerce (C. comm., art. 2); et d'engager ou hypothéquer des immeubles dans ce but. C. comm., art. 6 ;

20. Autorisation au tuteur pour consentir à l'engagement dans l'armée du mineur de vingt ans. L. 27 juill. 1872, art. 46; Décr. 18 janv. 1873, art. 6 ;

21. Autorisation d'inscription d'hypothèque pour emprunt au Crédit foncier. L. 10 juin 1853, art. 23 ;

22. Avis sur l'administration et la garde des enfants, en cas de séparation de corps. C. civ., art. 267, 302 ; L. 20-15 sept. 1792, tit. IV, art. 2 et 3 ;

23. Avis à donner sur l'état d'une personne à interdire. C. civ., art. 494 ;

24. Avis à donner sur la dation d'un conseil judiciaire. C. civ., art. 514;

25. Avis pour vente d'immeubles saisis. C. proc. civ., art. 744;

26. Avis en matière de rectification d'actes de l'état civil. C. proc. civ., art. 856; avis Cons. d'Etat, 30 mars 1808;

27. Confirmation du tuteur choisi par la mère remariée. C. civ., art. 400;

28. Consentement au mariage. C. civ., art. 160, 142, 143;

29. Consentement à tutelle officieuse. C. civ., art. 361;

30. Délibération sur les excuses proposées par le tuteur. C. civ., art. 439;

31. Destitution du tuteur. C. civ., art. 421, 443, 444, 446;

32. Emancipation. C. civ., art. 478, 479;

33. Fixation de l'emploi de l'excédant des revenus du mineur. C. civ., art. 455;

34. Fixation des époques où le tuteur remettra au subrogé tuteur des états de situation de sa gestion. C. civ., art. 470;

35. Fixation du mode de traitement d'un interdit. C. civ., art. 510;

36. Fixation des conventions matrimoniales de l'enfant d'un interdit. C. civ., art. 511;

37. Mainlevée de l'interdiction. C. civ., art. 512;

38. Maintien dans la tutelle du père con-

damné à la dégradation civique. C. proc., art. 34;

39. Maintien ou réintégration dans la tutelle de la mère remariée. C. civ., art. 395;

40. Nomination d'un tuteur provisoire en cas de disparition du père du mineur. C. civ., art. 142, 143;

41. Nomination d'un tuteur *ad hoc* pour consentir au mariage. C. civ., art. 159;

42. Nomination de tuteur *ad hoc* à l'enfant désavoué. C. civ., art. 318;

43. Nomination du curateur au ventre. C. civ., art. 393;

44. Nomination du tuteur en cas de refus de la mère d'accepter la tutelle. C. civ., art. 394;

45. Nomination du tuteur en cas de convol de la mère. C. civ., art. 395;

46. Nomination du cotuteur. C. civ., art. 396;

47. Nomination du tuteur en cas de concurrence entre deux bisaïeuls de la ligne maternelle. C. civ., art. 404;

48. Nomination du tuteur. C. civ., art. 405, 424, 431, 433, 434;

49. Nomination du protuteur. C. civ., art. 417;

50. Nomination du subrogé tuteur. C. civ., art. 420;

51. Nomination du curateur. C. civ., art. 480;

52. Nomination du tuteur à l'interdit. C. civ., art. 505, 506;

53. Nomination du tuteur spécial et particulier

en matière de partage. C. civ., art. 838; C. proc. civ., art. 960;

54. Nomination du curateur à un sourd-muet pour accepter une donation. C. civ., art. 936;

55. Nomination du tuteur en cas de substitution. C. civ., art. 1055, 1056;

56. Nomination du tuteur et du subrogé tuteur au condamné à une peine afflictive et infamante. C. pén., art. 29;

57. Nomination d'un administrateur provisoire à une personne placée dans un établissement d'aliénés. L. 30 mai 1838, art. 32;

58. Nomination de curateur à un militaire absent. L. 11 vent. an II, art. 2; Cass. 9 mars 1819; Colmar, 5 mai 1815;

59. Nomination d'un tuteur *ad hoc* pour consentir au mariage de l'enfant naturel, non reconnu, ou lorsqu'il l'a été, à défaut de ses père et mère. C. civ., art. 159;

60. Nomination d'un subrogé tuteur *ad hoc* lorsque les intérêts du mineur sont en opposition avec ceux du tuteur. C. civ., art. 420;

61. Nomination d'un tuteur ou subrogé tuteur *ad hoc* pour recevoir la signification d'un jugement rendu contre le mineur au profit de son tuteur, dans le but de faire courir les délais d'appel. C. proc., art. 444;

62. Règlement de la dépense annuelle du mineur. C. civ., art. 454;

63. Règlement de l'administration de la femme tutrice de son mari interdit. C. civ., art. 507 ;

64. Règlement des conventions matrimoniales du mineur. C. civ., art. 1398 ;

65. Remplacement du tuteur d'un interdit. C. civ., art. 508 ;

66. Retrait de l'émancipation. C. civ., art. 485.

JURIDICTION CRIMINELLE.

ATTRIBUTIONS ET COMPÉTENCE DU JUGE DE PAIX COMME JUGE DE SIMPLE POLICE.

Etendue de la juridiction du tribunal de simple police. L'article 137, C. inst. crim., attribue au tribunal de simple police la répression de tous les faits qualifiés du nom de contravention qui, d'après le Code pénal, peuvent donner lieu, soit à 15 francs d'amende et au-dessous, soit à cinq jours d'emprisonnement et au-dessous, qu'il y ait ou non confiscation des choses saisies, et quelle que soit la valeur de ces choses.

Composition du tribunal de simple police. Le tribunal de simple police est composé du juge de paix qui le préside, d'un officier du ministère public et d'un greffier; des huissiers font le service de l'audience. C. inst. crim., art. 141, 144.

Les fonctions du ministère public sont remplies, devant le tribunal de simple police, par le commissaire de police du lieu où siége le tribunal. S'il y a plusieurs commissaires au lieu où siége le tribunal, le procureur général nomme celui ou ceux d'entre eux qui doivent faire le service. En cas d'absence du commissaire de police du chef-lieu, ou, s'il n'en existe pas, les fonctions du ministère public doivent être remplies soit par un commissaire résidant ailleurs qu'au chef-lieu, soit par un suppléant du juge de paix, soit par le maire ou l'adjoint du chef-lieu, soit par un des maires ou adjoints d'une autre commune du canton, lequel est désigné par le procureur général pour une année entière, et doit être, en cas d'empêchement, remplacé par le maire, par l'adjoint ou par un conseiller municipal du chef-lieu, en observant l'ordre du tableau de nomination. C. instr. crim., art. 144 modifié par la loi du 7 janv. 1873; L. 21 mai 1831, art. 5.

Les officiers du ministère public doivent être debout lorsqu'ils prononcent un réquisitoire ou donnent des conclusions à l'audience (Décis. minist. 10 mai 1818). — Le juge de simple police n'est pas lié par les conclusions des officiers du ministère public ; il a le droit, après enquête, à l'audience, de juger contrairement à ces conclusions. Jurisprudence constante.

Pour l'introduction des affaires devant le tribunal de simple police, les citations, les conditions de publicité, l'instruction, l'exécution, l'opposition et l'appel des jugements de police, voir C. inst. crim., art. 145 à 178.

Compétence en matière de simple police.

La connaissance des contraventions de simple

police est attribuée aux juges de paix. L. 27 janv. 1873.

Dans les communes dans lesquelles il n'y a qu'une justice de paix, le juge de paix connaît seul des affaires attribuées à son tribunal ; dans les communes divisées en deux ou plusieurs justices de paix, le service au tribunal de police est fait successivement par chaque juge de paix, en commençant par le plus ancien; dans ce cas, il y a un greffier particulier pour le tribunal de police. C. instr. crim., art. 141, 142.

Les juges de paix *connaissent :*

1° De toutes les contraventions commises dans l'étendue de leur canton. C. instr. crim., art. 138, modifié par la loi du 27 janvier 1873;

2° Des contraventions à raison desquelles la partie qui réclame conclut pour dommages-intérêts à une somme indéterminée, ou à une somme excédant quinze francs. C. inst. crim., art. 139 ;

3° Des contraventions forestières poursuivies à la requête des particuliers (C. inst. crim., art. 139; C. forest., art. 188 et suiv., 204, 215 et suiv.). — Le juge de paix *ne connaît pas* des actions et poursuites exercées par l'administration générale des forêts, en réparation des contraventions forestières. C. for., art. 171 ; C. inst. crim., art. 179 ;

4° Des injures verbales. C. inst. crim., art. 139 ;

5° Des affiches, annonces, ventes, distributions

ou débits d'ouvrages, écrits ou gravures contraires aux mœurs. C. inst. crim., art. 139;

6° De l'action contre les gens qui font métier de deviner et pronostiquer ou d'expliquer les songes. C. inst. crim., art. 139;

7° Des contraventions commises par les jeunes soldats depuis le temps où ils ont reçu leur feuille de route jusqu'à celui de leur réunion en détachement ou de leur arrivée au corps. C. just. milit. 9 juin 1857, art. 58, combiné avec l'article 271 du même code;

8° Des contraventions commises par les jeunes soldats laissés dans leurs foyers et par les militaires envoyés en congé illimité. C. just. milit. 1857, art. 58;

9° Des contraventions commises par les gendarmes dans l'exercice de leurs fonctions. C. just. milit., 9 juin 1857, art. 59;

10° Des contraventions commises par des militaires collectivement avec des civils. C. just. milit., 9 juin 1857, art. 76;

11° Des contraventions commises par les militaires en matière forestière. C. just. milit., 9 juin 1857, art. 273;

12° Des contraventions rurales et forestières commises par des Français sur le territoire de l'un des Etats limitrophes de la France, dans les cas et conditions où cet État admet la réciprocité (L. 27 juin 1866, art. 2). — Pour la Belgique, sur la plainte des autorités belges ou des parties lésées. Décr.2 nov.-12 déc. 1877, art. 1er;

13° Des contraventions commises en France par les étrangers y résidant. C. civ., art 3.

En Algérie, les juges de paix à compétence étendue connaissent, en outre, comme matière correctionnelle :

1° De toutes les contraventions de la compétence des tribunaux correctionnels qui sont commises ou constatées dans leur ressort;

2° Des infractions aux lois sur la chasse;

3° De tous les délits n'emportant pas une peine supérieure à celle de six mois d'emprisonnement ou de 500 francs d'amende. Déc. 19 août 1854, t. 1er, art. 2.

Appels des jugements de police. V. p. 65.

TABLEAU DES CONTRAVENTIONS DE SIMPLE POLICE.

Abandon, dans les lieux publics accessibles aux malfaiteurs, d'armes, coutres de charrue ou autres instruments aratoires (C. pén., art. 471, n° 7). — de bestiaux et volailles (L. 28 sept.-6 oct. 1791, t. II, art. 3 et 12; L. 25 therm. an IV, art. 2).— des fous, ou furieux, des animaux malfaisants ou féroces. Voir *Divagation*.

Abordages. Inobservations des mesures prescrites pour les éviter. Voir *Police des ports*.

Abreuvoir (conduite des chevaux à l'). Ord. 21 déc. 1787; C. pén., art. 471, n° 15.

Affichage. Contravention à l'affichage (L. 28 avril 1816, art. 69; C. pén., art. 474). — Défaut d'affichage, dans les débits de boissons, du texte de la loi sur l'ivresse. L. 23 janv. 1873, art. 12, n° 3.

Affiches (Enlèvement des) de l'administration (C. pén., art. 479, n° 9). — Lacération et destruction d'affiches contenant, dans les débits de boissons, le texte de la loi sur l'ivresse. L. 23 janv. 1873, art. 12, n° 2.

Afficheurs, distributeurs et crieurs d'imprimés ou gravures contraires aux mœurs. C. pén., art. 475, n° 13.

Animaux (Mauvais traitements envers les) (L. 2 juill. 1850, art. 1er). — morts (Défaut d'enfouissement des) (L. 6 oct. 1791, tit. II, art. 13; L. 23 therm. an IV, art. 2). — tués ou blessés involontairement (C. pén., art. 479, n° 2). — tués ou blessés par l'emploi d'armes ou par jet de pierres ou autres corps durs (C. pén., art. 479, n° 3). — tués ou blessés par la vétusté d'édifices en ruine, l'encombrement ou l'excavation des rues (C. pén., art. 479, n° 4). — tués ou blessés méchamment (C. pén., art. 479, n° 1). — malfaisants ou féroces. Voir *Divagation.*

Apprentissage (Inobservation des règles du contrat d'). L. 22 février 1851, art. 4, 5, 6, 9, 10 et 20.

Apprêt des etoffes (Inexécution des lois et règlements concernant l'). L. 11-21 juill. 1856, art. 2.

Ardoisières. Contraventions aux règlements sur la police qui les concernent. Ord. 21 mai-25 juill. 1837 ; Ord. 7 mai 5 août 1840.

Armes. Port d'armes non prohibées. Ord. 14 juill. 1716; C. pén., art. 471, n° 15. Voir *Abandon d'armes.*

Artifices. Prohibition d'en tirer en certains lieux. C. pén., art. 471, n° 2, 472, 473.

Attroupement. Résistance à la première sommation de l'autorité. L. 10 avril 1831, art. 2; C. pén., art. 465 et 466.

Auberges. Voir *Eclairage.*

Aubergistes, logeurs, hôteliers. Voir *Registres.*

Audience (Irrévérences commises à l') (C. inst. crim., art. 504; C. proc. civ., art. 10, 11). — Coups portés à un magistrat pendant l'audience (C. inst. crim., art. 505; C. pén., 228 et 42). — Outrages à un fonctionnaire public à l'occasion ou dans l'exercice de ses fonctions (L. 25 mars 1822, art. 6, § 1). — Outrages à un témoin (L. 25 mars 1822, art. 6, § 2). — Outrages par geste ou menace à un magistrat dans l'exercice de ses fonctions (C. pén., art. 223, 226). — Outrages par parole à un magistrat dans l'exercice de ses fonctions (C. pén., art. 222). — Outrages à un commandant de la force armée (C. pén., art. 225). — Outrage à un officier ministériel ou à un agent de la force publique (C. pén., art. 224). — Signe d'approbation ou d'improbation, tumulte. C. inst. crim., art. 504.

Bacs, bateaux, ponts. Perceptions illégales des droits au passage (L. 7 frim. an VII, art. 52). — Refus de payer les droits de péage (L. 6 frim. an VII, art. 56, § 1, 2, art. 59 et 60). — Inobservation des règlements de police par les adjudicataires, mariniers, passagers et autres. L. 6 frim. an VII, art. 51, 56, 58; L. 14 flor. an X, art. 9 et s.

Balayage (Inobservation des règlements sur le). C. pén., art. 471, n° 3.

Bans de vendange ou autres autorisés (Inobservation des). C. pén., art. 475, n° 1.

Barres, barreaux (Abandon sur la voie publique de). C. pén., art. 471, n° 7.

Barrières de dégel. Contraventions aux règlements qui les concernent. Ord. 23 déc.-26 janv. 1816; C. pén., art. 476.

Bateaux à vapeur naviguant sur les fleuves et les rivières. Contraventions à la police qui leur est spéciale. Ord. du 23 mai 1843; C. pén., art. 471, n° 15.

Bestiaux. Dégâts causés par suite d'abandon (L. 6 oct. 1791, art. 12; L. 23 therm. an IV, art. 2). — Conduite de bestiaux non gardés à vue sur le terrain d'autrui (C. pén., 479, n° 10). — morts (Défaut d'enfouissement de). Voir *Animaux morts.*

Blanchiment des étoffes (Inobservation des lois et règlements relatifs à l'industrie du). L. du 11-21 juill. 1856, art. 2.

Blés en vert. Destruction de petites parties de

blé en vert sans intention de les voler. L. 6 oct. 1791, tit. II, art. 28, L. 23 therm. an IV, art. 2.

Bobinage (Inexécution des règlements relatifs aux conventions en matière de). L. 7 mars 1850, art. 8.

Bois et forêts des particuliers. C. for., art. 57, 196, 197, 199 et 201 modifiés par la loi du 18 juin; 70, 72, 75, 78, 79, 80, 144, 146, 147, 150, 192, 194, L. 18 juin 1859. — Extraction ou enlèvement non autorisé de pierre, terre, sable, gazon, etc. (C. for., art. 144, modifié par la loi du 18 juin 1859). — Port, dans les bois ou forêts, hors des routes et chemins, de serpe, cognée, etc. (C. fort., art. 145). — Voitures, bestiaux, animaux de charge ou moutons trouvés hors des routes et chemins (C. forest., art. 147). — Élagage non autorisé (C. forest., art. 150, 192, 194, 196). — Mutilation d'arbres (C. forest , art. 196). — Enlèvement de chablis (C. forest., art. 197). — Pâturage d'animaux en délit (C. forest., art. 199). — Défaut de clochettes (C. forest., art. 75 et 201). — Défaut de marque des bestiaux (C. forest., art. 173). — Chèvres, brebis ou moutons dans les forêts (C. forest., art. 78). — Pâturage ou panage par les usagers d'animaux dont ils font commerce (C. forest., art. 70). — Ramassage de glands, faînes ou autres fruits (C. for., art. 57). — Conduite des bestiaux par autres que les pâtres communs (C. forest , art. 72). — Usage de crochets, ferrements pour prendre les bois morts, secs et gisants (C. forest., art. 80). — Prise de bois avant délivrance. C. forest., art. 79.

Bookmakers. Circ. min. 17 mai 1876. Voir *Jeux de hasard.*

Boulangers et *Bouchers.* Inexécution des règlements relatifs à la taxe. C. pén., art. 479, n° 6.

Brocanteurs, fripiers. Défaut d'autorisation et de tenue de registres. Déclarat. 29 mars 1878.

Bruit ou tapage injurieux ou nocturne, troublant la tranquillité publique. C. pén , art. 470, n° 3.

Bureaux de placement ouverts et tenus sans autorisation. Déc. 25 mars 1852, art. 1, 2 et 4.

Cabarets. Contraventions à l'heure de la fermeture réglementaire. Décr. 29 déc. 1851-10 janv. 1852; C. pén., art. 471, n° 15.

Carrières exploitées à ciel ouvert. Inobservation des précautions ordonnées. L. 21 avril 1810, art. 81, et divers décrets spéciaux aux carrières de certains départements. C. pén., art. 471, n° 15.

Chaudières à vapeur, défaut d'épreuve chez le vendeur non constructeur, avant la livraison. Décr. 18 févr. 1865, art. 2; C. pén., art. 471, n° 15.

Chemins publics. Dégradation et usurpation (C. pén., art. 479, n° 11). — Enlèvement de gazons, terres, matériaux. C. pén., art. 479, n° 12.

Chèvres envoyées à la vaine pâture en contravention. L. 6 oct. 1791, tit. II, art. 18; L. 23 therm. an IV, art. 2.

Chiens (Excitation des) contre les passants, défaut de les retenir. C. pén., art. 475, n° 7.

Cimetières et pompes funèbres. Inexécution des règlements qui les concernent. Déc. 23 prairial an XII, art. 17; 4 therm. an XIII; 18 mai 1806; 7 mars 1808; Ord. 6 déc. 1843; Inst. minist. 30 déc. 1843-1er janv. 1844, art. 6.

Cloches. Infraction aux règlements sur la sonnerie des cloches. L. 18 germ. an X, art. 48; C. pén., art. 471, n° 15.

Colportage et Distribution de journaux sans déclaration préalable ou avec fausse déclaration. L. 3-10 mai 1878, art. 2 et 3.

Conducteurs et propriétaires de voitures. Abandon de bêtes de trait, de charge ou de monture sur la voie publique; de voiture attelée; défaut de direction (C. pén., art. 475, n° 3). — Abandon de voitures non attelées sur la voie publique (C. pén., art. 471, n° 4). — Allure trop rapide, dans l'intérieur des lieux habités, des chevaux, bêtes de trait, de charge ou de monture (art. 475, n° 4). — Violation des règlements contre chargement, rapidité et mauvaise direction des voitures (C. pén., art. 475, n° 4). — Contraventions aux ordonnances qui règlent le poids, la solidité, le mode de chargement des voitures, le nombre des voyageurs, le prix des places, etc. C. pén., art. 475, n° 4. Voir *Police du roulage*.

Contraventions forestières. Voir *Bois et forêts des particuliers*.

Coupe de velours coton. Inobservation des lois et règlements. L. 7 mars 1850, art. 3, 4, 5, 6, 8 et 9; L. 11-21 juill. 1856, art. 2 et 3.

Coutres de charrue. Leur abandon. C. pén., art. 471, n° 7.

Déposition (Refus par un témoin de faire sa). C. instr. crim., art. 80, 157, 263; Cass., 2 mars 1855.

Devins. Exercice du métier de pronostiquer et deviner ou d'expliquer les songes. C. pén., art. 479, n° 7, 480 et 481.

Digues et dunes dans le département du Pas-de-Calais. Contraventions à leur police. Ord. 15 juill.-8 mai 1819, art. 37 et suiv.

Distributeurs. Voir *Affichage, Colportage*.

Divagation de fous furieux ou animaux malfaisants ou féroces (C. pén., art. 475, n° 7). — d'animaux aquatiques sur les cours d'eau et canaux dans l'étendue des réserves affectés à la reproduction des poissons, pendant le temps du frai. Décr. 30 janv.-15 mars 1860, art. 5; C. pén., art. 471, n° 15.

Dommages aux propriétés mobilières. C. pén., art. 479, n° 1.

Draps. Contraventions à la marque des draps

dans les villes où cette marque est imposée. Décr. 22 déc. 1812, art. 2; C. pén., art. 471, n° 15.

Eaux. Transmission volontaire et dommageable aux voisins L. 6 oct. 1791, art. 15; L. 23 therm. an IV, art. 2.

Eaux minérales. Débit ou fabrication d'eaux minérales naturelles ou artificielles sans autorisation. Arr. 29 flor. an VII, art. 17; Ord. 18 juin 1823, art. 1; C. pén., art. 471, n° 15.

Échelles (Abandon d'). C. pén., art. 471, n° 7.

Echenillage (Défaut d'). C. pén., art. 471, n° 8.

Éclairage des auberges et autres lieux publics (Défaut d') (C. pén., art. 471, n° 3), — des matériaux et excavations (Défaut d'), *ibid.*, n° 4.

Édifice menaçant ruine. C. pén., art. 471, n° 5.

Embarras de la voie publique. C. pén., art. 471, n° 4.

Enfants du premier âge et nourrissons. Voir *Nourrices.*

Enlèvement de gazons, terres, matériaux dans les chemins publics et communaux. C. pén., art. 479, art. 12.

Épizootie sur les troupeaux, défaut de déclaration ou rencontre au pâturage sur les terres du parcours ou de la vaine pâture autres que celles désignées pour lui seul. L. 28 sept.-6 oct. 1791, sect. IV, art. 19; tit. II, art. 23.

Établissements dangereux, insalubres et incommodes. Contravention aux règlements d'autorisation, emploi de matières détonantes ou fulminantes. Décr. 15 oct. 1810; Ord. 14 janv. 1815; Ord. 9 fév. 1825; C. pén., art. 471, n° 15.

Exécution des jugements criminels (Refus des travaux nécessaires à l'). L. 22 germ. an IV, art. 1 et 2. — Refus de loger les exécuteurs des hautes œuvres. Même loi; Décr. 18 juin 1811, art. 114, § 2.

Exposition de choses insalubres et nuisibles. C. pén., art. 471, n° 6.

Fêtes et dimanches (Observation des). L. 18 nov. 1814.

Feux allumés dans les champs à une distance prohibée. L. 6 oct. 1791, tit. II, art. 10; L. 23 therm. an IV, art. 2.

Fils de coton. Longueur des écheveaux, numéros indicatifs, inobservation. Décr. 14 nov. 1810.

Fosses d'aisances. Contraventions aux règles de leur construction. Ord. 24 sept.-18 oct. 1819; C. pén., art. 471, n° 15.

Fours, cheminées ou usines (Défaut d'entretien des). C. pén., art. 471, n° 1.

Fruits cueillis ou mangés sur les lieux. C. pén., art. 471, n° 9.

Fuies et colombiers. Défaut de fermeture aux époques prescrites. Décr. 4 août 1789, art. 2; C. pén., art. 471, n° 15.

Fumiers et engrais (Enlèvement sans permission des). L. 6 oct. 1791, art. 33; L. 23 therm. an IV, art. 2.

Glanage, râtelage et *grappillage* dans les champs non encore dépouillés de leur récolte, ou avant le lever ou après le coucher du soleil (C. pén., art. 471, n° 10, et art. 473). — dans un enclos rural (L. 6 oct. 1791, tit. II, art. 3; L. 23 therm. an IV, art. 2). — par toute autre personne que des vieillards, enfants ou infirmes (Édit 2 nov. 1554, art. 10 ; C. pén., art. 471, n° 15). — avec râteau de fer. Arrêt 15 fév. 1784; C. pén., art. 471, n° 15.

Goëmons, varechs et herbes marines. Contraventions aux règlements qui en règlent la récolte. Décr. 8 fév.-31 mars 1868; C. pén., art. 471, n° 15. Voir *Pêche côtière.*

Injures simples sans provocation. C. pén., art. 471, n° 11.

Inondation de l'héritage d'autrui. L. 28 sept.-6 oct. 1791, tit. II, art. 15; L. 23 therm. an IV, art. 2.

Instruments (Abandon d'). C. pén., art. 471, n° 7.

Interprète de songe. Voir *Devins.*

Ivresse manifeste. L. 23 janv. 1873, art. 1, 4 et 12.

Jet de choses pouvant nuire par leur chute ou par leurs exhalaisons (C. pén., art. 6, n° 6). — d'immondices sur quelqu'un. (C. pén., art. 471, n° 12). — volontaire de pierres ou autres corps durs et d'immondices. C. pén., art. 475, n° 8.

Jeux de loterie ou de hasard dans un lieu public. C. pén., art. 475, n° 5 et 477, n° 1.

Journaux. Voir *Colportage.*

10

Lieux publics. Voir *Cabarets.*

Livrets (Inexécution des lois concernant les). L. 22 juin 1854, art. 1, 3, 4, 5, 8, 11; Décr. 30 avril 1855, art. 6; C. pén., art. 471, n° 15.

Logements des exécuteurs des jugements criminels. Refus. Voir *Exécution.*

Maîtres et apprentis. Voir *Apprentissage.*

Maraudage. C. pén., art. 475, n° 15.

Marque des manufactures de draps. Voir *Draps.*

Matières d'or et d'argent. Défaut de visa et de représentation des registres imposés dans certaines localités aux fabricants et vendeurs de matières d'or et d'argent. L. 19 brum. an VI, art. 76; Sentence du bailliage de Rouen, 27 janv. 1779; L. 19-22 juill. 1791, tit. I, art. 29; Cass., 24 août 1838.

Monnaies nationales. Refus de les recevoir. C. pén., art. 475, n° 11.

Nourrices et gardiennes d'enfants. Refus de recevoir la visite des médecins, inspecteurs, maires ou délégués (L. 23 déc. 1874, art. 6). — Personnes se plaçant comme nourrices sur lieu sans être munies des certificats réglementaires (même loi, art. 13). — Personnes se procurant un nourrisson ou des enfants en sevrage ou en garde sans être munies des certificats réglementaires. Même loi, art. 13.

Pacage d'animaux atteints de maladies contagieuses (L. 6 oct. 1791, tit. II, art. 23; L. 23 therm.

an IV, art. 2). — d'animaux dans les deux jours de la récolte (L. 6 oct. 1791, tit. II, art. 22; L. 23 therm. an IV, art. 2). — d'animaux revenant de la foire ou allant d'un lieu à l'autre dans les terres des particuliers ou dans les pays de parcours sur un terrain clos ou en semence et chargé de récolte (L. 6 oct. 1791, tit. II, art. 25; L. 23 therm. an IV, art. 2). — ou conduite de bestiaux sur le terrain d'autrui et non gardés à vue. C. pén., art. 479, nº 10. Voir *Passage de bestiaux*.

Papeteries. Contravention à la police des papeteries. Arr. 19 fruct. an IV, art. 19.

Parcours et vaine pâture. Envoi à la vaine pâture ou au parcours d'un nombre de têtes de bétail, supérieur à celui fixé par les règlements ou l'usage. L. 22 sept.-6 oct. 1791, tit. I, art. 13. Voir *Epizootie*.

Passage du fait de l'homme sur le terrain d'autrui, préparé ou ensemencé (C. pén., art. 471, nº 13). — par un voyageur qui déclôt un champ pour se frayer une route, lorsque le chemin n'est pas impraticable (L. 6 oct. 1791, tit. II, art. 41; L. 23 therm. an IV). — du fait de l'homme sur le terrain d'autrui chargé de récolte (C. pén., art. 475, nº 9). — avec bestiaux, animaux de trait, de charge ou de monture (C. pén., art. 475, nº 10). — de bestiaux ou autres animaux sur le terrain d'autrui avant l'enlèvement de la récolte. C. pén., art. 471, nº 14. Voir *Pacage*.

Patrons et ouvriers. Inexécution des lois concernant le règlement des conventions en matière de bobinage et de tissage (L. 7 mars 1850, art. 8). — Inexécution des lois et règlements concernant les livrets et registres des patrons et ouvriers. L. 22 juin 1854, art. 11.

Pêche côtière. Contraventions aux règlements qui fixent les jours et heures de l'enlèvement du goëmon de rives, ou qui règlent l'ordre à observer dans cette opération. Déc. 4 juillet 1853, art. 96 ; C. pén., art. 471, n° 15. Voir *Goëmons.*

Pesage, mesurage, jaugeage publics. Arrêté des consuls, 7 brum. an IX ; L. 29 flor. an X ; C. pén., art. 471, n° 15.

Pièces d'artifice. Prohibition d'en tirer en certains lieux. C. pén., art. 471, n° 2.

Pinces (Abandon de). C. pén., art. 471, n° 7.

Place de guerre. Dégradation aux ouvrages et bâtiments ; contraventions aux règles de la discipline et de police de la place. Décr. 24 déc. 1811, art. 65 ; C. pén., art. 471, n° 15.

Poids et mesures. Manque d'assortiments (Ord. 17 avril 1829, art. 16 et 17 ; C. pén., art. 471, n° 15). — Défaut de vérification (Ord. 17 avril 1839, art. 27 et 38, § 1er ; C. pén., art. 471, n° 15). — Refus de vérification (Ord. 17 avril 1839. art. 38, n° 2 ; C. pén., art. 471, n° 15). — Usage et détention de poids et mesures différents de ceux établis (L. 4 juin 1837, art. 3 et 4 ; C. pén., art. 479, n° 6). — Marchands ambulants négligeant de les présenter à la vérification annuelle (L. 17 avril 1839, art. 21; C. pén., art. 471, n° 15). — Fabricants de poids non vérifiés ni étalonnés. L. 17 avril 1839, art. 5, 11 et 12 ; C. pén., art. 471, n° 15.

Poids publics. Empiétement sur les fonctions des peseurs publics ; inexécution des conditions imposées aux peseurs publics. Arr. 7 brum. an IX; Arr. 29 flor. an X ; C. pén., art. 471, n° 15.

Police des ports de mer. Refus de service sur réquisition de capitaines et lieutenants de ports (L. 9-13 août 1791, art, 18 ; Décr. 10 mars 1807 ; Décr. 15 juill. 1854). — Inobservation des mesures de précaution à prendre en mer pour prévenir les abordages. Décr. 15 juill. 1854, art. 18; Décr. 23 oct. 1862 ; Circ. minist. de la marine 19 déc. 1866 ; C. pén., art. 471, n° 15.

Police du roulage. Contraventions aux règlements rendus en exécution des n°s 4 et 5 du deuxième paragraphe de l'art. 2 de la loi du 30 mai 1851 (art. 5 de ladite loi) ; — Contraventions à l'obligation de la plaque et aux règlements rendus en exécution du n° 4 du premier paragraphe de l'art. 2 de la loi du 30 mai 1851 (art. 7 de la dite loi). L. 30 mai 1851, et règlements d'administration publique, 10 août 1852 ; Décr. du 24 févr. 1858. Voir *Conducteurs*.

Ponts (Inobservation des règlements sur la police des). L. 6 frim. an VII, art. 51 et suiv.

10.

Poste aux chevaux. Perception au-dessus du tarif, refus de marcher. L. 1er germ. an I, art. 4; L. 6 nov. an IV, art. 3, 4 et 5.

Poudre. Police des matières détonantes et fulminantes. Ord. 25 juin 1823; C. pén., art. 471, n° 15.

Prostitution. Location de locaux dans Paris à des filles de mauvaise vie. Ord. 6 nov. 1778; C. pén., art. 471, n° 15.

Récoltes sur pied (Vol de). C. pén., art. 475, n° 15.

Refus d'obéir aux réquisitions des maires des communes riveraines du Rhône, en cas de crues menaçant les chaussées de rupture ou d'un débordement. Décr. 15 mai 1813, art. 37, 38, 39, 40, 41, 42 et 43.

Registres des hôteliers. Défaut de tenue et de présentation. C pén., art. 475, n° 2.

Règlements administratifs légalement faits (Inobservation des). C. pén., art. 471, n° 15.

Réquisition. Voir *Refus, Secours, Service public*.

Rivières non navigables ni flottables. Contraventions à la police des rivières et cours d'eau non navigables ni flottables. Circ. minist. trav. publ., 21 juin 1878; Règlements locaux; Décr. 10 août-8 déc. 1875; C. pén., art. 471, n° 15.

Roulage (Infraction à la police du). L. 30 mai 1851. Voir *Police du roulage*.

Rue ou passage. Négligence de nettoyer ou de balayer. C. pén., art. 471, n° 3.

Secours en cas de sinistre (Refus de prêter). C. pén., art. 475, n° 12.

Sépultures. Voir *Cimetières.*

Service public. Refus, en cas de sinistre, de faire certains travaux. C. pén., art. 475, n° 12.

Teinture des étoffes (Inobservation des lois et règlements relatifs à la). L. 21 juill. 1856, art. 2.

Témoins. Refus de déposer. C. instr. crim., art. 157.

Théâtre. Inobservation des formalités prescrites par les décrets du 30 déc. 1852 et du 6 janv. 1864. C. pén., art. 471, n° 15.

Tissage (Inobservation des lois et règlements relatifs à l'industrie du). L. 7 mars 1850, art. 8.

Tourbières. Contraventions aux règlements qui les concernent. Ord. 26 nov. 1830; Ord. 30 oct.-4 déc. 1838; Ord. 14 sept.-23 oct. 1835; C. pén, art. 471, n° 15.

Travail (Refus de) pour l'exécution des jugements criminels. L. 22 germ. an IV, art. 2.

Troupes en marche. Infraction à la défense de les couper et de les traverser. Décr. 13 nov.-29 déc. 1863, art. 142; Circ. minist. guerre, 6 juill. 1869; Règlements locaux; C. pén., art. 471, n° 15.

Vaine pâture. Voir *Parcours.*

Vente au-dessus de la taxe. C. pén., art. 479, n° 6, et art. 480.

COMPÉTENCE EXTRAJUDICIAIRE.

ATTRIBUTIONS NON CONTENTIEUSES DU JUGE DE PAIX.

Les attributions non contentieuses du juge de paix sont les fonctions extrajudiciaires dont ce magistrat a été investi par des lois spéciales. — Elles ont pour but de faciliter l'action de la justice et d'assurer l'exécution des lois.

TABLEAU DES ATTRIBUTIONS NON CONTENTIEUSES DU JUGE DE PAIX.

Absent. Le juge de paix, délégué par le procureur de la République ou dûment requis, assiste à l'inventaire des biens d'un absent (C. civ., art. 126).—Les juges de paix, requis par le procureur de la République d'assister à l'inventaire des immeubles et des titres d'un absent, ne peuvent réclamer aucun droit de transport. Circ. minist. 22 nov. 1824.

Actes de notoriété. Le juge de paix, assisté du greffier, délivre,

Sur l'attestation de sept témoins :

Les actes de notoriété destinés à suppléer à un acte de naissance dont la production est exigée pour contracter mariage (C. civ., art. 70 et 71 ;

Avis du Conseil d'Etat 26 mess. an XIII) ; — Les actes de notoriété destinés à suppléer l'acte de naissance d'un ascendant, en cas d'adoption (C. civ., art. 71, 346) ; — Les actes de notoriété destinés à suppléer un acte de naissance pour opérer un versement à la caisse des retraites (Décr. 7 mars-11 avr. 1851 ; Décr. 18 août 1853, art. 4, 6, 9 et 16) ; — Les actes de notoriété destinés à constater l'identité d'un militaire (Décis. du minist. de la guerre du 24 brum. an XII) ; — Les actes de notoriété à produire par les indigènes algériens qui sollicitent leur naturalisation. Décr. 5 févr. 1868 ; Décr. 24 oct. 1870 ; Décr. 7-9 oct. 1871, art. 3.

Sur l'attestation de quatre témoins :

Les actes de notoriété destinés à constater l'absence d'un ascendant dont le consentement est nécessaire pour contracter mariage ou une adoption (C. civ., art. 155, 346) ; — Les actes de notoriété destinés à rectifier les erreurs commises dans l'orthographe des noms, prénoms ou date de naissance soit des individus désignés dans les inscriptions de rentes perpétuelles ou viagères (Décis. minist. 2 juill. 1814) ; — soit des fonctionnaires qui demandent la liquidation de leurs pensions (Circ. minist. 25 déc. 1853) ; — Les actes de notoriété destinés à constater les services rendus hors de France par des fonctionnaires qui réclament une pension (L. 9 juill. 1853 et Règl. général 9 nov.

1853, art. 31 *in fine* et 35) ; —Les actes de notoriété pour fixer l'époque des dernières nouvelles d'un absent. C. civ., art. 116; Cass. 24 nov. 1811. — Voir ***Militaires absents, Naturalisation.***

Sur l'attestation de deux témoins seulement :

Les actes destinés à constater les ressources pécuniaires des individus qui sollicitent des concessions en Algérie. Décr. 23 avril 1852, art. 1er.

Actes de l'état civil. Les juges de paix peuvent être délégués par les procureurs de la République, pour vérifier les registres de l'état civil des communes de leurs cantons (Ord. 20 nov. 1823, art. 5). — Le juge de paix qui, en dressant un procès-verbal de description ou d'apposition de scellés après décès, trouve un extrait des actes d'état civil détruits à Paris pendant l'insurrection de 1871, est tenu d'en effectuer la remise ou l'envoi à la commission de réorganisation de ces actes (L. 12 févr. 1872, art. 10). — Lorsque des registres de l'état civil ont été détruits et que les juges de paix se transportent dans les communes pour procéder à une enquête devenue nécessaire pour le rétablissement de ces registres, ils accomplissent une mesure d'intérêt général qui ne leur donne droit à aucune indemnité (Lett. minist. 31 mars 1817). — Il n'est rien dû non plus au greffier dans cette circonstance. Circ. 31 mars 1818.

Adoption. Le juge de paix du domicile de l'adoptant passe acte du consentement respectif de l'adoptant et de l'adopté (C. civ., art. 353). — Les pièces justificatives, produites devant le juge de paix en matière d'adoption, doivent, après avoir été visées par ce magistrat, rester au dossier de l'impétrant pour être transmises au tribunal et ensuite à la Cour, et non pas rester au greffe et ne parvenir au tribunal qu'en expédition, parce que les magistrats ont besoin d'avoir les originaux sous les yeux et que cela évite les frais d'une expédition (Circ. proc. gén. Paris, 24 juill. 1835; Lett. du Parq., Seine, 7 août 1835). — Les juges de paix sont toujours consultés par le tribunal ou par la cour d'appel, avant qu'ils déclarent s'il y a ou non lieu à l'adoption, sur la moralité de l'adoptant, sur sa situation de fortune et de famille, et sur la question de savoir si l'adopté ne serait pas issu de relations adultérines ou incestueuses. A. Carré, CODE ANNOTÉ, p. 457.

Affirmation. L'affirmation est la déclaration de certains fonctionnaires que les énonciations du procès-verbal rédigé par eux sont conformes à la vérité. — L'affirmation est reçue par le juge de paix sans qu'il soit besoin de la présence du greffier ni de sa signature (Chauveau, *Tarif*, t. I, n° 166). — La compétence des juges chargés de recevoir une affirmation varie, comme les délais dans lesquels cette formalité doit être accomplie, suivant les matières dans lesquelles la contravention a été commise.

Le juge de paix du canton où l'infraction a été constatée est seul compétent pour recevoir l'affirmation des procès-verbaux dressés en matière de : contraventions à la police du canal du Loing (Décr. 22 févr. 1813, art. 48) ; — contraventions forestières (C. forest., art. 165 et 189) ; — contraventions militaires (L. 16 sept. 1811, art. 119) ; aux servitudes militaires (Règl. 10 août 1853, art. 40 ; L. 22-26 juin 1854, art. 4) ; aux travaux mixtes pratiqués sur la limite de la zone frontière et le rayon des enceintes fortifiées (Décr. 16 août-14 oct. 1853, art. 31) ; — contraventions à la police des digues du Rhône (Décr. 15 mai 1813, art. 26) ; — contraventions à la police des carrières de pierres de taille et moellons de la Gironde (Ord. 2 déc. 1844-24 janv. 1845, art. 29) ; — contraventions rurales (L. 28 flor. an X, art. 11) ; — contraventions à la police des ponts, bacs et bateaux (Décr. 14 brum. an VII, art. 26) ; — contraventions à la police de la pêche du hareng (Décr. 28 mars-16 avril 1852, art. 40) ; — contraventions à la police des mines et carrières à ciel ouvert (L. 21 avril 1810, art. 64 ; et divers décrets postérieurs spéciaux aux carrières à ciel ouvert exploitées dans certains départements) ; — contraventions à la police de la navigation intérieure (Arrêté 8 prair. an XI, art. 26) ; — contraventions à la police de la voirie. L. 18 août 1810, art. 21 ; L. 29 flor. an X.

Le juge de paix du canton de la résidence de

l'agent rédacteur du procès-verbal a, concurremment avec celui du lieu où l'infraction a été commise, compétence pour recevoir l'affirmation des procès-verbaux dressés en matière de : contraventions à la police des sources minérales (L. 14 juill. 1856, art. 16) ; — contraventions à la police des machines et appareils à vapeur (L. 21 juill. 1856, art. 22) ; — contraventions à la police des embarcations maritimes et au rôle d'équipage (Décr. 19 mars 1862, art. 9) ; — contraventions à la police de la navigation au bornage (Décr. 20 mars 1852, art. 2); — contraventions à la police de la pêche côtière (Décr. 9 janv.-1er févr. 1852, art. 16 et 17); — contraventions à la police de la pêche fluviale (Décr. 15 avril 1829, art. 44) ; — contraventions à la police des chemins de fer (L. 15-21 juill. 1845, art. 24) ; — contraventions à la police des ports maritimes (L. 9-13 août 1791, tit. III, art. 17) ; — contraventions à la police des ports des rivières flottables et navigables (Décr. 21 août-6 sept. 1852, art. 52) ; contraventions à la police des cours d'eau et rivières non navigables ni flottables (Circ. minist. trav. publ. 21 juin 1878) ; — contraventions à la police de la chasse (L. 3 mai 1844, art. 40) ;— contraventions à la police des carrières de gypse de la Nièvre (Ord. 7 mai-5 août 1840, art. 33) ; — contraventions à la police des ardoisières d'Ille-et-Vilaine (Ord. 7 mai-7 août 1840, art. 29) ; — contraventions à la police du roulage (L. 30 mai 1851, art. 18) ; — contraventions à la police des télégraphes. Décr. 27 déc. 1851, art. 11.

Les procès-verbaux des agents des contributions indirectes doivent être affirmés devant l'un des juges de paix établis dans le ressort du tribunal qui doit connaître du procès-verbal ou devant l'un de ses suppléants (L. 21 juin 1873, art. 3).— Ils doivent être affirmés par deux agents verbalisants. (L. 22 juin 1873, art. 3). — De même en matière de douanes et d'octrois (L. 1er germ. an XIII, tit. V, art. 25). — Les procès-verbaux dressés avec l'accomplissement des formalités indiquées par les articles 21 à 24 du titre V du décret du 1er germinal an XIII, par deux employés des contributions indirectes, dont l'un sera majeur, des douanes et des octrois, et affirmés par eux, conformément à l'article précédent, font foi en justice jusqu'à inscription de faux. Même loi, art. 4.

Aux termes des articles des lois ci-dessus visées, la formalité de l'affirmation doit être accomplie dans les délais suivants :

Le lendemain de la rédaction du procès-verbal en matière : de contraventions forestières, de contraventions à la pêche fluviale, à la police des ports, des rivières flottables ou navigables.

Dans le délai de vingt-quatre heures, en matière de : contraventions à la police des ports maritimes ; à la police des ardoisières d'Ille-et-Vilaine, des carrières de gypse de la Nièvre; à la police de la pêche du hareng; à la police de la chasse ; contraventions militaires et aux servitudes militaires; à la police des travaux mixtes effectués dans la zone frontière ou dans le rayon des places de guerre.

Dans le délai de trois jours, à partir de la clôture du procès-verbal, dans les matières suivantes : contraventions à la police des chemins de fer; contraventions à la police des digues du Rhône; des douanes; des contributions indirectes; des octrois; de navigation intérieure; des cours d'eau non navigables ni flottables; des embarcations maritimes et rôles d'équipages; de la navigation au bornage; des appareils et machines à vapeur; des sources minérales; des ponts, bacs et bateaux; de la pêche côtière, du roulage et des télégraphes.

Il n'est prescrit aucuns délais en matière de contraventions rurales, de contraventions à la police des mines, ni pour les contraventions à la police du canal du Loing, ni pour celles qui sont relatives à la police des carrières de pierre de taille et moellons de la Gironde.

L'officier public qui reçoit une affirmation est tenu d'en donner avis dans la huitaine au procureur de la République. C. instr. crim., art. 18.

Le juge de paix du canton reçoit l'affirmation des rapports des experts chargés de l'estimation d'immeubles proposés à l'Etat (Ord. 12 déc. 1827, art. 4). — Il reçoit également l'affirmation des certificats délivrés aux jurés empêchés. Circ. minist. 22 sept. 1818. — Voir *Commerce maritime*, *Procès-verbaux*.

Aliénés. Les juges de paix doivent visiter les établissements d'aliénés, recevoir les réclamations des personnes qui y sont placées et prendre les renseignements propres à faire connaître leurs positions (L. 30 juin 1838, art. 4 ; Circ. minist. 28 mai 1844). — Ils apposent leur visa sur le registre desdits établissements quand ils les visitent (même loi, art. 12). — Lorsque les juges de paix se transportent à plus de 5 kilomètres de leur résidence pour aller visiter un établissement d'aliénés, ils doivent recevoir l'indemnité fixée par l'art. 88 du règlement du 18 juin 1811 et par l'ordonnance du 2 mai 1844. Circ. minist. 28 mai 1844 ; Circ. minist. 26 juin 1844 ; Circ. minist. 21 sept. 1860.

Apprentissage. Le juge de paix peut, à défaut des tuteurs, autoriser une personne à consentir un contrat d'apprentissage pour des enfants mineurs. L. 22 févr. 1851, art. 3.

Arbitrage. Les juges de paix ne peuvent être choisis pour arbitres, ni à titre gratuit ni à titre salarié (Circ. proc. gén. Montpellier, 3 juill. 1860). Cependant l'opinion contraire est soutenue. Colmar, 21 déc. 1813 ; Dalloz, Répert., I, 681 ; Bioche, Arbitrages.

Assistance judiciaire. Le juge de paix devant lequel une affaire a été renvoyée par le bureau d'assistance judiciaire invite le syndic des huissiers à désigner l'huissier qui sera chargé de signifier les actes faits à la requête de l'assisté (L. 22 janv. 1852, art. 13). — Les greffiers, comme les notaires et tous autres dépositaires publics, doivent délivrer gratuitement les actes et expéditions réclamés par l'assisté sur une ordonnance du juge de paix (même loi, art. 16). — Les greffiers sont tenus de transmettre dans le mois au receveur de l'enregistrement l'extrait du jugement de condamnation ou l'exécutoire, sous peine de 2 francs d'amende pour chaque extrait de jugement ou chaque exécutoire non transmis. Même loi, art. 20.

Associations syndicales. Voir *Enquêtes.*

Attroupement. Les juges de paix ont le droit de faire aux attroupements des sommations d'avoir à se disperser. Ils peuvent, dans ce cas, être ceints de l'écharpe orange exigée par le décret du 18 juin 1852. L. 10 avril 1831, art. 1er; L. 3 août 1791, art. 26.

Autorisation. Voir *Ordonnances.*

Avertissements. Voir *Registres des avertissements.*

Biens communaux. Le juge de paix dresse et signe les procès-verbaux constatant la nomination des experts ou arbitres, choisis par les parties, en cas de contestations relatives à des biens communaux (L. 10 juin 1793, sect. V, art. 6, 7 et 9). — Il nomme, s'il y a lieu, les tiers arbitres. Même loi, art. 17.

Biens du clergé. Le juge de paix doit dresser procès-verbal de la prise de possession des cures et succursales par les curés et desservants, et des menses par les évêques et archevêques. Décr. 6 nov. 1813, art. 7, 18, 46. Voir *Scellés.*

Bris et naufrage. Les juges de paix du canton sont tenus de se rendre au premier avertissement de quelque échouement, bris ou naufrage pour procurer et organiser les secours nécessaires (L. 9-13 août 1791, art. 3 et 5). — Les juges de paix reçoivent les procès-verbaux des préposés de la régie des douanes contre tous individus nantis de marchandises naufragées (Déc. 22 août 1791, tit. VII, art. 7). — Les juges de paix sont investis de tous pouvoirs pour veiller au sauvetage et à la conservation des objets naufragés ; dans le cas d'enlèvement furtif, ils doivent faire toute instruction et toute visite domiciliaire qu'ils jugent utiles. Arr. 27 therm. an VII, art. 2, 3, 6 et 7.

Caisse d'assurance. Le juge de paix dresse, après serment prêté par le médecin du comité des caisses d'assurance ou par le médecin de l'administration, le certificat qui doit être remis à ce comité par les assurés atteints d'accidents graves. Décr. 10 août 1868, art. 29.

Caisse d'épargne. Voir *Certificat de propriété.*

Caisse des retraites. En cas d'absence d'un des conjoints depuis plus d'une année, le juge de paix peut accorder l'autorisation à l'autre de faire des versements à la caisse des retraites à son profit exclusif (L. 18 juin 1850, art. 4; Décr. 27 juill.-14 août 1861, art. 3). — Il peut, à défaut des père, mère ou tuteur, autoriser un mineur de dix-huit ans à verser à la caisse des retraites (Décr. 27 mars-14 avril 1851, art. 6; Décr. 18 août 1855, art. 5 et 6). — Les certificats, actes de notoriété et autres nécessaires à ceux qui opèrent des dépôts à la caisse des retraites pour la vieillesse sont dispensés de timbre et d'enregistrement. Circ. minist. 14 nov. 1864.

Capitaine de navire. Voir *Commerce maritime.*

Caution. Le juge de paix reçoit une caution quand il est commis à cet effet par un autre tribunal (C. proc. civ., art. 1035). — Il reçoit la caution offerte par la partie sur laquelle une saisie a été pratiquée en matière forestière. C. for., art. 168.

Cautionnement. Les juges de paix dressent, sur l'attestation de deux témoins, le certificat nécessaire pour retirer de la caisse d'amortissement le cautionnement des titulaires d'offices décédés ou interdits. Déc. 18 sept. 1806., art. 1er. Voir *Certificat de propriété.*

Cédule. Le juge de paix peut délivrer des cédules, notamment dans les cas des art. 6, 29, 329. C. proc. civ. ; 405 C. civ. ; 85, 140 C. instr. crim.

Certificat de moralité. Les municipalités sont autorisées à recevoir les enrôlements volontaires sur des certificats de bonne vie et mœurs délivrés ou visés par les juges de paix. L. 16 fruct. an VI, art. 6 ; inst. 20 mai 1813, art. 10.

Certificat d'identité. Le juge de paix délivre des certificats d'identité pour toucher les indemnités allouées aux départements envahis. L. 7 avril 1873 ; Décr. 20 mars 1874, art. 9.

Certificat d'indigence. Le juge de paix vise et approuve les certificats d'indigence délivrés pour faciliter le mariage des indigents, la légitimation de leurs enfants naturels ou le retrait de leurs enfants des hospices (L. 10 déc. 1850, art. 6 ; Circ. 27 mai 1852) ; — Ainsi que ceux qui sont nécessaires pour que le ministère public poursuive d'office le rétablissement ou la rectification de leurs actes de l'état civil. Décis. 6 brum. an VI ; Nîmes, 21 mars juin 1838 ; Angers, 27 fév. 1846 ; Décis. Enregistr. 1er fév. 1851. Voir *État civil.*

Certificat d'individualité. Le juge de paix délivre les certificats d'individualité pour faciliter le recouvrement d'arrérages de rente et de pensions sur l'État (Décr. 26 fruct. an XIII, art. 2 ; Décr. 22 août 1793, art. 137, 138 et 139) — Le juge de paix délivre encore des certificats d'individualité, sur l'attestation de trois témoins, aux personnes qui réclament des pensions et des secours. Circ. minist. 24 août 1824.

Certificat d'origine. Voir *Épizootie*.

Certificat de propriété. Le juge de paix, en l'absence de titres authentiques, délivre, sur l'attestation de deux témoins, les certificats de propriété nécessaires — pour le retrait par les héritiers de toutes sommes, de tout reliquat de sommes, titres ou valeurs déposés dans les caisses et établissements publics soumis au régime de la comptabilité publique générale ou spéciale (Décr. 31 mai-11 août 1862, art. 246 et 248); — pour opérer, au cas de décès, le transfert de rentes sur l'Etat ou le recouvrement d'arrérages de toutes autres pensions (L. 28 flor. an VII, art. 6 ; Décr. 11-25 août 1864, art. 12); — pour le retrait de la caisse des offrandes nationales en faveur des armées de terre et de mer (Décr. 18 juin-1er juill. 1860; Décr. 8-11 janv. 1873; Décr. 5-10 avril 1873 ; Décr. 31 mai-11 août 1862, art. 265); — pour le recouvrement des cautionnements versés au Trésor (Décr. 28 sept 1806, art. 1); — pour le recouvrement de solde, de traitement ou de pensions de retraite des officiers (Décr. 1er juill. 1809, art. 2); — pour le retrait des portions de primes et annuités de rengagements dues aux militaires décédés par la caisse de la dotation de l'armée (Décr.

9 janv. 1856, art. 28); — pour le retrait de fonds versés à la caisse d'épargne (L. 7 mai 1853, art. 3); — pour les versements à la caisse des retraites (L. 28 mai 1953, art. 8); — pour le retrait des fonds versés à cette même caisse (L. 12 juin 1861, art. 9); — pour le retrait des sommes dues au décès des assurés par la caisse d'assurance en cas de décès, ou par la caisse d'assurance en cas d'accidents (Décr. 10 août-15 sept. 1868, art. 14; Décr. 13 août 1877, art. 14); — pour le remboursement des taxes spéciales imposées pour l'organisation des gardes nationales mobilisées (L. 6 nov. 1872, art. 8); — pour le recouvrement des indemnités dues aux personnes qui ont éprouvé préjudice lors de destructions opérées par le génie militaire pour les besoins de la défense nationale (L. 28 juill.-7 août 1874, art. 6); — pour le recouvrement des indemnités accordées aux départements envahis. L. 7 avril 1873; Décr. 20 mars 1874, art. 9.

Certificat de vie. Le juge de paix peut délivrer les certificats de vie aux pensionnaires et invalides de la marine dont la pension n'excède pas 200 francs (L. 15 germ. an V, art. 6).— Dans le cas où les pensionnaires ou rentiers sont hors d'état de se transporter en l'étude du notaire chargé de la délivrance, il vise l'attestation du maire de la commune constatant l'infirmité ou la maladie, sur la vue de laquelle le notaire est autorisé à délivrer le certificat de vie. Inst. minist. fin. 27 juin 1839, art. 15; Décr. 23 sept. 1806, art. 1er.

Chasse. Le juge de paix s'assure de l'identité des chasseurs délinquants déguisés ou masqués. L. 3 mai 1844, art. 25. Voir *Ordonnances*.

Chemins vicinaux. Le juge de paix du canton peut être désigné par le tribunal de l'arrondissement pour présider le jury d'expropriation en cas d'ouverture ou de redressement de chemins vicinaux autorisés par le préfet (L. 21-25 mai 1836, art. 16; L. 8-11 juin 1864) ; le juge de paix reçoit les acquiescements des parties; son procès-verbal emporte translation définitive de la propriété (même loi, même article). — Le magistrat directeur du jury doit être assisté, auprès du jury spécial, du greffier de son tribunal. L. 3 mai 1841, art. 35.

Commerce maritime. Les juges de paix reçoivent l'affirmation des rapports des capitaines de navire dans le cas de jet à la mer d'une partie de leur chargement, s'il n'y a pas de juges consulaires pour la recevoir (C. comm., art. 234, 413). — Ils reçoivent les procès-verbaux de visite de navire que les capitaines sont tenus de faire opérer avant de prendre charge (C. comm., art. 225); et dans les vingt-quatre heures du dépôt de ces procès-verbaux, ils doivent envoyer ces documents au tribunal de commerce le plus voisin (Ord. 1er nov. 1826, art. 1, 2 et 3). — Ils reçoivent les rapports des capitaines en cas de naufrage, de relâche forcée ou d'abandon du navire (C. comm., art. 242, 245, 246, 247). — Ils donnent l'autorisation d'emprunter sur le corps et la quille du vaisseau, de vendre ou de mettre en gage une partie du chargement (C. comm., art. 234 et 243). — Les juges de paix n'ont pas à apposer les scellés, à bord des navires, sur les effets des passagers et marins décédés en mer, ni à recueillir leurs papiers. Ce soin incombe aux administrateurs de la marine. Circ. minist. 10 juill. 1819.

Commissionnaire de transport. Le juge de paix, à défaut du président du tribunal de commerce, nomme, par ordonnance au pied d'une requête, les experts chargés de vérifier l'état d'une marchandise transportée à l'occasion de laquelle s'élève, à la réception, une contestation. C. comm., art. 106. Voir *Ordonnances*.

Commissions rogatoires. Le juge de paix reçoit des commissions rogatoires à l'effet de recevoir le serment d'une partie, de procéder à une enquête, à une visite de lieux (C. proc., art. 121, 255, 414, 1035), en matière d'expertise (C. proc., art. 305, 956, 971, 1035), en matière commerciale. C. comm., art. 16; C. proc., art. 428. Voir *Délégations judiciaires*.

Compulsoire. Voir *Registres de l'enregistrement*.

Conseil spécial de tutelle. Le juge de paix reçoit la déclaration par laquelle le père nomme à la mère tutrice un conseil spécial de tutelle. C. civ., art. 392.

Conservateur des hypothèques. Le juge de paix a qualité pour dresser procès-verbal de refus ou de retard apporté par un conservateur à la transcription des actes de mutation, ou à l'inscription de droits hypothécaires, ou à la délivrance de certificats. C. civ., art. 2199.

Cote et parafe. Le juge de paix cote et parafe les pièces de chaque dossier et les pièces détachées en cas de perquisition pour fait de postulation (Décr. 19 juill. 1810, art. 6). — Il parafe les pièces arguées de faux devant lui (C. proc. civ., art. 14), — et en outre divers registres, dont suit la nomenclature :

Registres d'inscription des avertissements. L. 2 mai 1855, art. 2; Circ. minist. 26 mai 1855 ;

Registres de rôle des affaires civiles de justice de paix. L. 16-26 oct. 1790, tit. VIII, art. 1 et 2 ; L. 19 nov. 1875 ;

Registres de non-comparution en conciliation. C. proc. civ., art. 58;

Registres des procès-verbaux de non-conciliation. Circ. 30 déc. 1840 ;

Registres des émoluments des greffiers. Ord. 17 juill. 1825, art. 3; Circ. minist. 28 juill. 1825; L. 25 mai 1855, art. 2;

Registres des dépôts reçus dans le greffe. L. 22 frim. an VII, art. 43; Décr. 12 juill. 1808, art. 2 ;

Registres des consignations des parties civiles. Circ. 28 juill. 1825; Ord. 28 juin-6 juill. 1832, art. 1 et 2;

Registres d'ordre pour l'inscription de toutes les affaires de simple police au fur et à mesure de leur introduction au greffe. Circ. minist. 1er déc. 1819; Circ. min. 9 déc. 1823 ; Circ. minist. 20 janv. 1829;

Registres des oppositions et des appels. C. proc., art. 163 et 550; C. inst. crim., art. 203 ;

Registres des pourvois en cassation. C. inst. crim., art. 417;

Registres des dépôts d'actes de société. L. 24 juill. 1867 ; Inst. régie 3 sept. 1808, art. 2 ;

Registres des officiers publics vendeurs. L. 22 pluv. an VII, art. 4 ; Décr. 2 déc. 1876 ;

Registres des inventaires annuels du mobilier de la justice de paix lorsqu'ils sont tenus par les greffiers. Décr. 30 juill. 1853, art. 2; Ord. 5 janv. 1823; Ord. 6 juill. 1832 ;

Registres des inscriptions des élèves en pharmacie. Décr. 5 févr. 1860, art. 2 ;

Registres de dépôt des signatures des notaires et des officiers de l'état civil au greffe. L. 2-4 mai 1861 ; Décis. minist. 9 sept. 1861 ;

Registres des protêts tenus par les notaires et les huissiers. C. comm., art. 176 ;

Registres spéciaux tenus dans les mairies pour

recevoir les déclarations relatives à la mise en nourrice, sevrage et garde des enfants en bas âge. L. 23 déc. 1874, art. 40;

Registres ou livres que les médecins inspecteurs des nourrices doivent tenir à jour, portant un certain nombre de mentions relatives à la condition des enfants en nourrice. L. 23 déc. 1874; Décr. 27 fév. 1877, art. 40; Inst. minist. sept. 1877;

Registres des brasseurs. L. 28 avril 1816, art. 126 et 241;

Registres des débitants de boissons. L. 28 avril 1816, art. 55;

Registres portatifs des employés des contributions indirectes. L. 8-15 déc. 1814, art. 138; L. 28 avril 1816, art. 241;

Registres des bureaux de douanes. L. 6-22 août 1791, tit. XIII, art. 27 et 28.

Répertoires des actes de greffe. L. 26 frim. an IV, art. 3; Arr. 28 brum. an VI, art. 5; L. 22 frim. an VII, art. 53, et décr. 14 juin 1813, art. 46;

Répertoires des notaires. L. 22 frim. an VII, art. 53;

Répertoires des huissiers. L. 22 frim. an VII, art. 53; L. 14 juin 1813, art. 46;

Répertoires des compagnies d'assurances terrestres et maritimes. L. 5 juin 1850, art. 35 et 44;

Dans la pratique, pour les registres de douanes, pour ceux des brasseurs, des débitants de boissons et des administrations, on se borne à coter les feuillets et à les parafer par premiers et derniers. Les termes exprès des articles 27 et 28 du titre XIII de la loi des 6-22 septembre 1791 semblent autoriser ce mode de procéder.

Crédit foncier. Voir *Emprunt, Hypothèque légale, Purge hypothécaire.*

Déclarations affirmatives. Le juge de paix peut recevoir la déclaration du tiers saisi domicilié dans son canton (C. proc. civ., art. 571). — Celle du débiteur d'une rente (C. proc. civ., art. 638). — Dans ces cas, il doit être assisté de son greffier. C. proc., art 1030.

Déclarations de grossesse. Le juge de paix peut recevoir les déclarations de grossesse qu'une fille ou femme veuve demanderait à faire devant lui pour éviter le soupçon d'avortement ou d'infanticide, mais ces actes sont peu en usage. L. Million, GREFFES, GREFFIERS, p. 82.

Déclarations d'incendie. Le juge de paix n'est pas tenu de recevoir les déclarations d'incendie qui lui sont faites par les sinistrés. A. Carré, CODE ANNOTÉ, p. 610.

Délégations cantonales. Les juges de paix sont ordinairement désignés par les préfets pour présider les délégations cantonales pour l'instruction primaire ; à Paris, ils font nécessairement partie de ces délégations (L. 15 mars 1850, art. 42 et 43). — A Paris, les délégués nommés pour chaque arrondissement par le conseil académique se réu-

12.

nissent une fois par mois avec le maire, un adjoint, le juge de paix, un curé de l'arrondissement et un ecclésiastique, pour s'entendre au sujet de la surveillance locale de l'instruction primaire. L. 5 mars 1850, art. 43.

Délégations judiciaires. Le juge de paix peut être chargé par un autre magistrat ou par un autre tribunal de procéder en son lieu et place : c'est ainsi qu'il peut recevoir les commissions rogatoires pour un serment, une caution, un interrogatoire sur faits et articles, nommer des experts, et généralement faire une opération quelconque en vertu d'un jugement (C. proc. civ., art. 1035); — spécialement recevoir le serment d'une partie (C. proc., art. 121); — procéder à une enquête (C. proc., art. 255); — recevoir les dépositions des témoins (C. proc., art. 412); — faire une visite de lieux; nommer des experts et recevoir leur serment (C. proc., art. 305); — présider le jury d'expropriation en matière de chemins vicinaux (L. 21 mai 1836, art. 16); — en matière commerciale, faire une opération que lui demande un tribunal de commerce (C. comm., art. 16; C. proc., art. 428). — En cas de délégation, le juge de paix doit se conformer aux règles de procédure qu'aurait dû suivre le juge commissaire du tribunal qui a fait la délégation (A. Carré, Code annoté, p. 502). — Chaque juge de paix ne peut être délégué que pour entendre des témoins qui habitent son canton

(Circ. minist. 9 avril 1825). — Rien ne s'oppose à ce que le juge de paix chargé par délégation du procureur de la République ou du juge d'instruction, d'une information, s'adresse officieusement au commissaire de police pour obtenir sa coopération; mais il n'a pas le droit de donner une sous-délégation à ce magistrat et de lui faire faire des actes pour lesquels il a été expressément et personnellement requis. Circ. minist. 21 juill. 1854. Voir *Commissions rogatoires, Enquête.*

Délinquant inconnu. Les gardes forestiers doivent amener devant les juges de paix ou devant le maire les délinquants inconnus surpris en flagrant délit. C. for., art. 163; L. 3 mai 1844, art. 25. Voir *Chasse.*

Délit forestier. Perquisition, séquestre, mainlevée (C. for., art. 161, 168, 169). — Le juge de paix est chargé de recevoir et de transmettre à qui de droit les procès-verbaux dressés en matière forestière. C. for., art. 191. Voir *Ordonnances.*

Déménagement furtif. Le juge de paix, depuis la loi 25 avril-7 mai 1844, n'a plus à recevoir la déclaration des propriétaires et principaux locataires, qui ont à se prévaloir vis-à-vis de la régie des contributions directes, du déménagement furtif d'un locataire (L. 21 avril 1832, art. 31). — L'article 25 de cette loi les dispense formellement de cette obligation.

Dépêche télégraphique. Voir *Visa.*

Détention arbitraire. En cas de détention arbitraire d'une personne, le juge de paix doit immédiatement se transporter sur le lieu qui lui est désigné, mettre cette personne en liberté, ou s'il y a lieu, la faire conduire devant le magistrat compétent. C. inst. crim., art. 615 et 616. Voir *Ordonnances*.

Dispenses d'âge et d'alliance. Les juges de paix sont toujours consultés par le parquet sur l'opportunité d'accorder de semblables dispenses, sur la situation pécuniaire des solliciteurs, sur leur moralité, etc., etc. Ces renseignements ont, la plupart du temps, pour but de faire savoir si les solliciteurs peuvent payer les frais assez élevés de chancellerie. A. Carré, CODE ANNOTÉ, p. 449. Voir *Etat civil*.

Dommage. En matière de délit rural, le juge de paix, ou l'expert désigné par lui, est chargé de l'estimation du dommage causé par les délits ruraux, pour apprécier la responsabilité des père et mère, tuteurs civilement responsables des délits commis par leurs femmes, enfants ou pupilles mineurs, domestiques, ouvriers, ou autres subordonnés (C. rural, 28 sept.-6 oct. 1791, tit. II, art. 7). — Dans toutes les causes de simple police, le juge peut, sur la requisition du ministère public ou de la partie civile, estimer préalablement à l'audience, ou faire estimer le dommage, dresser ou faire dresser, faire ou ordonner tous actes requérant célérité. C. inst. crim., art. 148.

Douanes. Les juges de paix doivent assister les préposés de la régie des douanes qui les requièrent pour visiter les bâtiments entrant dans les ports et rades et faciliter la recherche de la fraude. L. 22 avril 1791, art. 80. Voir *Exécutoire, Experts, Fils de laine et de coton, Ordonnances, Procès-verbaux.*

Drainage. Voir *Expert.*

Échouement. Voir *Bris et naufrage.*

Élections. Le juge de paix préside le bureau du recensement général des votes à l'hôtel de ville du chef-lieu du département (Décr. 2 avril 1873, art. 6). — Il reçoit les justifications d'indigénat des Israélites en Algérie (Décr. 7 oct. 1871, art. 3). — A défaut de prud'hommes, il fait partie de la commission chargée de dresser la liste des électeurs consulaires (C. comm., art. 607, modifié par la loi du 21 déc. 1871). — Il ne doit pas accepter le mandat de délégué d'un conseil municipal pour les élections sénatoriales. Circ. minist. justice, 11 déc. 1875.

Émancipation. Le juge de paix, assisté de son greffier, reçoit les déclarations d'émancipation (C. civ., art. 477 et 478; L. 15 pluv. an XIII, art. 4; Décr. 19 janv. 1811, art. 15). — Le juge de paix ne doit pas déférer à la réquisition qui lui serait faite de convoquer un conseil de famille pour l'émancipation d'un mineur, lorsque cette réquisition ne lui est pas adressée par le tuteur ou par un parent de ce mineur, au degré de cousin germain ou à des degrés plus proches. A. Carré, CODE ANNOTÉ, p. 484.

Emprunts. Le juge de paix doit convoquer d'office un conseil de famille dès qu'il a reçu une signification du Crédit foncier lui dénonçant un emprunt qu'un tuteur se propose de faire. L. 18 juin 1853, art. 1er. Voir *Commerce maritime, Hypothèque légale.*

Enfants naturels. Voir *Reconnaissance d'enfants.*

Enquêtes. Les juges de paix peuvent être nommés commissaires à des enquêtes (Décr. 17 nov. 1865, art. 7).—Ils sont ordinairement chargés des enquêtes administratives, à l'encontre des circulaires qui ont condamné cette pratique (Circ. 29 fév. 1870; Circ. 15 janv. 1871). — Ils peuvent être désignés comme commissaires pour les enquêtes ouvertes sur une entreprise d'amélioration générale, ou sur un projet d'associations syndicales (Décr. 17 nov. 1865, art. 7).— Ils peuvent être chargés par les préfets de s'enquérir de la situation de famille, de moralité, de fortune des jeunes conscrits qui demandent à être conservés dans leurs foyers comme soutiens de famille. Circ. minist. justice 12 déc. 1872. Voir *Commissions rogatoires, Délégations judiciaires.*

Enregistrement. Le juge de paix devant lequel est produit un titre non enregistré doit en ordonner d'office le dépôt au greffe pour qu'il soit immédiatement soumis à la formalité de l'enregistrement. L. 23 août 1871, art. 16. Voir *Extraits*, *Héritiers inconnus*, *Ordonnances*, *Registres de la régie*.

Envois au parquet. Voir *États de situation*, *Extrait*, *Récolement*, *Registres des avertissements*; *Registres des recettes*.

Épizootie. Le juge de paix est tenu de faire abattre, en sa présence, les bêtes atteintes de maladies contagieuses et marquées de la lettre M, trouvées sur un chemin ou que l'on tenterait de vendre dans un marché ou foire, et même chez un particulier (Arr. du Conseil, 19 juin 1746; Arr. 27 mess. an V). — Il délivre des certificats d'origine des animaux que l'on veut conduire à la vente aux foires ou dans un lieu éloigné, et constate s'il n'existe pas d'épizootie dans la localité d'où proviennent ces animaux (Arr. de règl. du 24 mars 1745). — Les juges de paix doivent autoriser les experts désignés par l'autorité administrative à se faire ouvrir les écuries signalées comme ayant des animaux atteints ou soupçonnés de maladies contagieuses. Arr. du 16 août 1874; Inst. minist. intér. 9 fruct. an V, art. 5.

État civil. Les juges de paix approuvent les certificats d'indigence produits à l'appui des demandes en dispense d'alliance, et, dans leurs approuvés, doivent faire mention de leurs connaissances personnelles de l'état civil des parties. Circ. 26 avril 1856. Voir *Actes de l'état civil, Dispense d'alliance.*

Etats de dépens. Aucuns frais ni émoluments ne peuvent être perçus, en matière civile, par le greffier, que sur des états dressés par lui, qui doivent être visés et vérifiés par le juge de paix. Ces états doivent être écrits au bas de l'expédition délivrée ou, à défaut d'expédition, sur pièce séparée (Ord. 17-25 juill. 1825, art. 1er; Circ. minist. just. 28 juill. 1825). — En matière de police, l'état de liquidation des frais et dépens est dressé par le greffier, et les copies qu'il en délivre doivent lui être payées à raison de 5 centimes par article. Décr. 1811, art. 51.

Etats de situation. Le juge de paix transmet mensuellement au parquet, après les avoir visés, les états de situation du greffe (Ord. 8 nov. 1823, art. 3).— Il doit surtout ne pas omettre d'envoyer mensuellement au procureur de la République les états de condamnations prononcées en simple police contre les débitants de boissons (Circ. intér. 1er juill. 1872; Circ. just. 18 juin 1872). — Tous les trois mois, il est tenu d'envoyer au procureur de la République l'état des individus condamnés à l'emprisonnement (Circ. minist. 1er mai 1833). — Il transmet également tous les trois mois au parquet, en y joignant ses observations, l'état visé par lui du registre des ventes publiques d'objets mobiliers tenu par le greffier. Décr. 2 déc. 1876. Voir *Récolement*.

Exécutions capitales. Là où il n'y a ni tribunal ni cour d'assises, le juge de paix doit se rendre auprès du condamné à la peine capitale qui demande à faire une déclaration. C. inst. crim., art. 377 ; Décis. minist. 16 oct. 1829; Cass., 4 janv. 1845.

Exécutoire. Un visa du juge de paix rend exécutoires les contraintes délivrées en matière de :

Amendes et condamnations pécuniaires. Les contraintes délivrées par les percepteurs pour le recouvrement des amendes et condamnations pécuniaires. L. 29 déc. 1873, art. 25.

Contributions indirectes. Les contraintes qui sont délivrées par la régie. Décr. 1er germ. an XIII, art. 43 et 44.

Douanes. Les contraintes délivrées par la régie des douanes tant pour le recouvrement des droits dont il aurait été fait crédit que pour défaut de rapport des certificats des acquits-à-caution. L. 6-22 août 1791, tit. III, art. 12, et tit. XIII, art. 23-31 et 32.

Echenillage. Les contraintes décernées par le recouvrement des frais d'échenillage. L. 26 vent. an IV, art. 7.

Enregistrement. Les contraintes délivrées par l'administration de l'enregistrement et des domaines. L. 22 frim. an VII, art. 64 et suiv.; L. 28 avril 1816, art. 76.

Frais de justice. Décr. 18 juin 1811, art. 140, 161, 163, 174.

Inspections des finances. Les contraintes délivrées par les inspecteurs des finances contre les receveurs des communes. Décr. 27 févr. 1811, art. 6.

Malversations. Les contraintes décernées par les receveurs particuliers contre les percepteurs en état de malversation. Arr. 16 therm. an VIII, art. 33.

Octrois. Les contraintes délivrées par les receveurs municipaux pour recouvrir les droits d'octroi. Décr. 15 nov. 1810, art. 1 et 2; Ord. 9 nov. 1814, art. 36 et 44.

Officiers ministériels. Celles délivrées pour le recouvrement de droits d'enregistrement avancés par les greffiers, huissiers et autres officiers ministériels. L. 22 frim. an VIII, art. 30.

Pesage, mesurage et jaugeage publics. Les contraintes délivrées pour le recouvrement des droits de pesage, mesurage ou jaugeage publics. Décr. 26 sept. 1811.

Poids et mesures. Les contraintes délivrées, comme en matière d'enregistrement, contre les officiers publics qui se servent d'anciennes dénominations de poids et mesures. L. 4 juill. 1837, art. 5.

Postes. Les contraintes délivrées par les directeurs de bureau de poste. L. 28 mai 1854, art. 2.

Régie. Décr. 1er germ. an XIII, art. 43.

Timbre. L. 28 avril 1816, art. 76.

Experts, expertises. Le juge de paix nomme des experts en matière de :

Bail à convenant ou domaine congéable. L. 6 août 1791, art. 17.

Chemins vicinaux. L. 21 mai 1836, art. 17, et avis du Cons. d'État 30 déc. 1841.

Communaux (Partage des biens). L. 10 juin 1793, sect. V, art. 10.

Contributions indirectes. L. 28 avril 1816, art. 146.

Domaines de l'État. Terrains usurpés sur les rives des forêts domaniales. Décr. 10 frim. an II, art. 22 et suiv.; Ord. 14 déc. 1837; 27 janv. 1838, art. 5.

Domaines engagés ou aliénés. Décr. 30 nov. 1793, art. 25.

Dommages ruraux. L. 6 oct. 1791, tit. II, art. 7.

Douanes. Le juge de paix est chargé de nommer d'office un expert, dans le cas où un importateur étranger refuse de désigner dans les quarante-huit heures celui qui doit, dans son intérêt, concourir à l'expertise avec celui de la douane dans les cas prévus par le traité de commerce de 1860. Instr. de l'administration des douanes. 9 mars 1866.

Drainage. L. 17 juill. 1856, art. 6.

Enregistrement. L. 22 frim. an VII, art. 18 ; L. 15 nov. 1808, art. 1er.

Jaugeage. L. 28 avril 1816, art. 146.

Marques de fabrique. Pour opérer la description ou saisie des produits contrefaits. L. 17 juill. 1837, art. 17.

Mines. Dans le cas prévu par le décret du 3 janv. 1813, art. 7.

Sociétés d'assurance. Estimation des sinistres. Décr. 22 janv. 1868, art. 35.

Terres vaines et vagues en Bretagne (partage). L. 6-15 déc. 1850, art. 11.

Transports par terre ou par eau. Pour constater l'état des objets transportés, en cas de contestation, et pour évaluer le dommage en cas d'avaries (C. comm., art. 106, 107 et 114). — En cas de perte ou dommage supporté par un navire. C. comm., art. 414.

Vérifications quelconques que le juge de paix croit utiles pour découvrir la vérité et pour éclairer sa conscience. C. proc., art. 29, 42.

Vices rédhibitoires. Pour les constater. L. 20 mai 1838, art. 5. Voir *Biens communaux.*

Exposition d'enfants. En cas d'exposition d'enfant, le juge de paix qui en est instruit doit se rendre sur les lieux de l'exposition et dresser procès-verbal de l'état de l'enfant, de son âge apparent, des marques extérieures, vêtements et autres indices pouvant éclairer sur la naissance et recevoir toutes déclarations relatives à l'exposition dudit enfant (Décr. 20 sept. 1792, art. 3 et 9). — Le juge de paix devra remettre dans les vingt-quatre heures à l'officier de l'état civil une expédition de ce procès-verbal pour qu'il soit transcrit sur le registre double des actes de naissance. Même décret, art. 10.

Extraits. Le juge de paix doit envoyer tous les trois mois au procureur de la République les extraits des jugements de simple police qu'il a rendus. C. inst. crim., art. 178. Voir *Légion d'honneur*.

Extraits des registres de l'enregistrement. Les juges de paix autorisent la remise d'extraits des registres de l'enregistrement aux personnes autres que les parties. L. 22 frim. an VII, art. 58. Voir *Ordonnances*.

Fabriques d'église. Les juges de paix et leurs suppléants peuvent être, et même simultanément, membres du conseil de fabrique de leur paroisse. Décr. 30 déc. 1809, art. 3.

Faillite. Lorsque les livres et effets de portefeuille d'un failli sont extraits des scellés, le juge de paix doit les remettre au syndic après les avoir arrêtés, c'est-à-dire parafés. Il doit aussi avoir soin de constater sommairement dans son procès-verbal l'état dans lequel ils se trouvent. C. comm., art. 471.

Faux billets de banque, fausse monnaie.

Les juges de paix peuvent continuer, hors de leurs cantons, les visites nécessaires chez les personnes soupçonnées d'avoir fabriqué, introduit ou distribué de faux papiers-monnaies, faux billets de la banque de France ou des départements ou de fausse monnaie. C. instr. crim., art. 464.

Feuilles d'audience. Le juge de paix en fait le récolement et la vérification mensuelle. Ord. 5 nov. 1823, art. 3.

Fils de laine et de coton. Les juges de paix, dans les villes où il n'y a pas de bureau de douanes, sont chargés de rechercher et de saisir les fils de laine et de coton qui ne proviendraient pas de fabriques françaises. L. 28 avril 1816, art. 62; Circ. minist. 12 sept. 1841.

Frais de voyage. Les témoins, experts, médecins, jurés sont tenus, en cas de séjour forcé en route, de le faire constater par les juges de paix ou suppléants des cantons où ces accidents leur arrivent. Tarif 18 juin 1811, art. 95; Ord. 18-20 sept. 1833.

Francisation de navires. Le juge de paix reçoit les actes de francisation des navires. L. 21 sept. 1792, art. 2; L. 27 vendém. an II, art. 13; L. 10 déc. 1874.

Gibier. Voir *Ordonnances*.

Héritiers, pupilles, mineurs, absents ou inconnus. Le juge de paix doit être prévenu par les maires ou adjoints du décès de toute personne laissant pour héritiers des pupilles, des mineurs ou absents (Arr. 22 prair. an V). — Les juges de paix doivent avertir la régie de l'enregistrement et des domaines de toutes appositions de scellés par eux faites dans l'intérêt d'héritiers inconnus. Instr. minist. 23 fruct. an VII.

Huissiers. Voir *Taxe*.

Hypothèque légale. Le juge de paix a le droit de requérir l'hypothèque légale du mineur sur les biens du tuteur au cas d'emprunt au Crédit foncier. L. 10 juin 1833, modifiant le décret du 28 févr. 1852, art. 23. Voir *Conservateur des hypothèques, Purge hypothécaire.*

Inscription de faux. En matière de douanes, le juge de paix reçoit les déclarations d'inscription de faux, les signe dans le cas où les déclarants ne savent pas signer. L. 9 flor. an VIII, tit. IV, art. 12.

Interrogatoire sur faits et articles. Le juge de paix peut être commis par un tribunal pour procéder à un interrogatoire sur faits et articles (C. proc. civ., art. 336,; et alors, il doit se conformer scrupuleusement aux prescriptions de l'art. 327 C. proc. civ. (A. Carré, CODE ANNOTÉ, p. 490). — En cas de transport à plus de 5 kilomètres pour procéder à un pareil interrogatoire, il est dû une indemnité au juge de paix. Ord. 4 août 1824.

Inventaire. Lorsque le juge de paix assiste à

un inventaire pour l'apposition ou la réapposition des scellés, il doit fixer les heures et la durée des vacations, consigner sur son procès-verbal les difficultés qui s'élèvent et les porter lui-même en référé. Circ. 27 juill. 1824.

Inventaire après absence. V. *Absent*.

Inventaire après faillite. L'inventaire après faillite est dressé en double minute par le syndic en présence du juge de paix, qui le signe à chaque vacation (C. comm., art. 480). — Après condamnation pour banqueroute frauduleuse, le juge de paix doit procéder avec le syndic au récolement des valeurs du failli et à tout supplément d'inventaire nécessaire. C. com., art. 522.

Jury. Le juge de paix est vice-président de la commission cantonale qui dresse la liste préparatoire de la liste annuelle du jury (Décr. 7-12 août 1848, art. 11 et 12; L. 21 août 1872, art. 8).—Les juges de paix de l'arrondissement, présidés par le président du tribunal, se réunissent chaque année au chef-lieu pour dresser la liste annuelle définitive (L. 21-24 nov. 1872). Voir comment se fait cette opération à Paris, Sceaux et Saint-Denis (même article, *in fine*). — Le juge de paix de chaque canton est tenu d'instruire immédiatement le premier président de la cour, ou le président du tribunal du chef-lieu d'assises, des décès, des incapacités ou des incompatibilités légales qui frapperaient les personnes dont les noms sont portés sur la liste annuelle. L. 21-24 nov. 1872, art. 17.

Légalisation. Les juges de paix légalisent les signatures des actes des notaires et des officiers d'état civil (L. 2 mai 1861, art. 1er; et pour l'Algérie : Décr. 19 oct. 1860, art. 1er, et Inst. de la régie, 14 août 1861; Circ. minist. 21 mai 1861). — Ils légalisent la mention de mainlevée d'opposition dont sont frappés les titres au porteur (L. 17 juin 1872; Décr. 10 avril 1873, art. 6; Décr. 27 juin 1874, art. 6);— celle des inscriptions d'avances faites par les patrons sur les livrets de leurs ouvriers (L. 14 mai 1851, art. 6). — Ils légalisent les actes à produire pour contracter mariage dans le grand-duché de Luxembourg par les sujets français (L. 28 déc. 1867). — Ils légalisent également les actes de l'état civil, les documents judiciaires et autres analogues délivrés en France et destinés à être produits en Alsace-Lorraine (Décr. 5 juill. 1872; Circ. minist. 3 sept. 1874).— Le greffier a droit à 25 centimes par chaque légalisation; mais il ne peut rien percevoir pour la légalisation de signatures apposées sur papier non timbré. Circ. minist. 24 mai 1861; Circ. minist. 9 sept. 1861.

Légion d'honneur. Les juges de paix doivent transmettre aux procureurs de la République un extrait de tous jugements de simple police rendus contre les membres de la Légion d'honneur; cet extrait doit être envoyé par le parquet au ministre de la justice (Circ. minist. 6 oct. 1840, § 13; Circ. 17 janv. 1853; Décr. 16 mars 1852, art. 40). — Les juges de paix sont tenus, comme tous officiers de police judiciaire, d'informer le grand chancelier de la Légion d'honneur des faits graves, de nature à entraîner contre un légionnaire ou médaillé la suspension ou l'exclusion de la Légion, dont ils auraient eu connaissance dans l'exercice de leurs fonctions. — Leur rapport doit être transmis par la voie hiérarchique. Décr. 14 avril 1874; Décr. 9 mai 1874.

Livres de commerce. Le juge de paix peut être commis par un tribunal pour examiner les livres de commerce, dont la vérification est utile à l'appréciation d'une contestation. C. comm., art. 16.

Loteries étrangères ou particulières. Voir *Présence du juge de paix.*

Mainlevée. Voir *Légalisation, Ordonnances.*

Marques de fabrique. Voir *Ordonnances.*

Mémoires de frais. Les juges de paix doivent examiner avec soin si les frais dont le payement est réclamé par les greffiers ont été légalement faits, s'ils doivent retomber à la charge du ministère de la justice, enfin s'ils ne sont pas exagérés (Lett. Parquet Seine 13 sept. 1856). — Ils doivent veiller aussi à ce que les mémoires soient dressés conformément aux modèles délivrés par la chancellerie. Décis. minist. 26 nov. 1812.

Messagerie. Voir *Roulage.*

Militaires. Comme officier de police judiciaire, le juge de paix peut, en cas de flagrant délit, faire saisir les militaires ou les individus justiciables des tribunaux militaires. Il les fait conduire immédiatement devant l'autorité militaire, dresse procès-verbal de l'arrestation en y consignant leurs noms, qualité et signalement. C. just. milit. 9 juin 1857, art. 87.

Militaires absents. Le juge de paix doit donner avis au ministre de la guerre lorsqu'il est apposé des scellés après décès de personnes auxquelles succèdent des militaires absents (L. 11 vent. an II, art. 1er; L. 16 fruct. an II, art. 1er). — Les juges de paix doivent recueillir tous les documents nécessaires pour apprécier la sincérité des déclarations de leurs revenus faites par les veuves et les orphelins des militaires qui sollicitent des pensions. Ils reçoivent ces déclarations affirmées sous serment, et en dressent procès-verbal auquel ils annexent leurs documents complémentaires (Ord. 16-30 oct. 1822; art. 1 et 2; Circ. 3 fév. 1823). — Lorsque les contrôles du ministère de la guerre ne contiennent aucune indication du décès d'un militaire, les juges de paix reçoivent les veuves à établir la disparition par un acte de notoriété rédigé sur l'attestation de deux témoins. Circ. min. 1er mars 1823.

Minutes du greffe. Le juge de paix est chargé

de la surveillance des minutes du greffe de la justice de paix. L. 26 frim. an IV, art. 4; Arr. 28 brum. an VI, art. 1, 2, 3, 4. Voir *Récolement*.

Naturalisation. Les juges de paix, concurremment avec les cadis, délivrent, en Algérie, les actes de notoriété à produire par les indigènes qui sollicitent leur naturalisation. Décr. 5 févr. 1868, art. 1, 2, 4 et 5; Décr. 24 oct. 1870.

Notoriété. Voir *Actes de notoriété.*

Octroi. Comme à tout officier de police judiciaire, il appartient au juge de paix d'interroger les individus soupçonnés de fraude aux octrois, et d'autoriser la vente de leurs effets. Ord. 9 déc. 1814, art. 31. Voir *Ordonnances.*

Ordonnances. Les juges de paix rendent des ordonnances, notamment dans les cas suivants:

Assistance judiciaire. Ils autorisent les notaires, greffiers et autres dépositaires publics à délivrer les actes et expéditions réclamés par les assistés judiciairement. L. 22 janv. 1851, art. 16.

Bris et naufrage. En cas de bris et naufrage, les juges de paix peuvent ordonner de suite la vente des effets qui ne sont pas susceptibles d'être conservés, et dans le mois, la vente des marchandises les plus périssables, pour payer le salaire des ouvriers qui ont été employés au sauvetage (L. 9-13 août 1791, art. 6). — S'il y a des réclamants, les juges de paix peuvent ordonner que la remise des effets sauvés leur soit faite après examen des preuves de leur propriété et avec le consentement des chefs de l'inscription maritime. L. 9-13 août 1791, art. 8.

Chasse, gibier. Ils ordonnent de déposer aux bureaux de bienfaisance le gibier saisi en temps prohibé. L. 3 mars 1844, art. 4.

Délits forestiers. Ils ordonnent d'opérer la vente des bestiaux saisis pour délits forestiers, s'ils n'ont pas été réclamés dans les cinq jours. C. forest., art. 169.

Douanes. Ils ordonnent d'opérer la vente aux enchères, au marché le plus voisin, des chevaux, mulets et autres moyens de transport de sel ou de marchandises saisies pour contravention de douanes ou de sel. Décr. 20 nov. 1806, art. 1er; Décr. 13 sept. 1811, art. 1.

Enregistrement. Ils ordonnent également, à la requête de l'enregistrement, la mainlevée provisoire sous caution et la vente de tous animaux et objets périssables mis en séquestre (Décr. 18 juin 1811, art. 40). — Ils autorisent les receveurs de l'enregistrement à délivrer des extraits de leurs registres à d'autres qu'aux parties contractantes. L. 22 frim. an VII, art. 58.

Experts. Ils ordonnent, lorsqu'ils en sont requis, que les experts par eux nommés seront appelés à jour fixe pour prêter serment. C. proc., art. 305.

Lazarets. Ils ordonnent la vente des objets déposés dans les lazarets et autres lieux réservés qui n'ont pas été réclamés dans le délai de deux ans. L. 3 mars 1822, art. 20.

Marque de fabrique. Ils autorisent les propriétaires de marque de fabrique à saisir ou décrire les objets revêtus d'une marque contrefaite. L. 23 juin 1857, art. 17.

Mise en liberté. Les juges de paix ordonnent la mise en liberté des personnes illégalement détenues dans les cas prévus par les art. 615 et 618 C. inst. crim.

Octroi. Ils ordonnent la vente des objets sujets à dépérissement, saisis pour contravention aux règlements d'octroi. Décr. 9 déc. 1814, art. 82.

Pêche fluviale. Ils ordonnent la vente immédiate des poissons saisis pour cause de délit. L. 15 avril 1829, art. 42.

Saisie foraine. Ils ordonnent, à la requête d'un créancier, la saisie des effets d'un débiteur forain (C. proc. civ., art. 822). — Ils donnent mainlevée de la saisie opérée par les agents forestiers. C. for., art. 168. V. *Exécution provisoire.*

Vices rédhibitoires. Ils nomment, sur la requête qui leur est présentée, un ou trois experts chargés d'examiner à bref délai l'existence des vices rédhibitoires dont sont atteints les animaux domestiques. L. 20-26 mai 1838, art. 5. Voir *Apprentissage, Caisse des retraites, Commissionnaire de transport, Commerce maritime, Registres de la régie des contributions indirectes, Saisie.*

Orphelins adoptés par l'Etat. Dans les départements, le juge de paix est membre de la commission municipale chargée de gérer les intérêts et de diriger l'éducation des orphelins adoptés par l'Etat. Décr. 26 nov. 1851, art. 1er.

Parafe. Voir *Cote et parafe.*

Patente. Le juge de paix a le droit d'en exiger la représentation (L. 25 avril 1844, art. 27). — En cas de non-représentation il doit dresser procès-verbal, qui doit être transmis aux agents des contributions indirectes pour qu'ils poursuivent les contrevenants conformément aux lois. L. 1er brum. an VII, art. 38; L. 25 avril 1844, art. 28.

Pension et secours. Voir *Actes de notoriété, Certificat d'individualité, Militaires absents.*

Perquisitions. La présence du juge de paix est nécessaire pour autoriser les perquisitions en diverses matières ci-après :

Allumettes. L. 28 juin 1875, art. 5; L. 18 avril 1816, art. 237; Circ. minist. 21 juin 1877.

Contributions indirectes. L. 28 avril 1816, art. 237; L. 25 mars 1817, art. 105 et 106.

Délits commis par des militaires ou des marins. L. 9 juin-4 août 1857, art. 91; L. 4-15 juin 1858, art. 121.

Délits forestiers et contraventions forestières. C. forest., art. 160, 161, 162 et 163.

Délits ruraux ou contraventions rurales. C. inst. crim., art. 16.

Douanes. L. 6-22 août 1791, tit. XIII, art. 35 et 36.

Garantie des matières d'or et d'argent. Arr. 22 mai 1807.

Poids et mesures. L. 17 avril 1839, art. 39 et 40.

Postulation. Décr. 19 juill. 1810, art. 4, 5 et 6.

Propriété littéraire. Pour la recherche des exemplaires contrefaits. L. 25 prair. an III, art. 1er.

Tabac. Pour la recherche de fraudes. L. 24-26 déc. 1814, art. 46.

Poids et mesures. Les juges de paix sont chargés de recevoir les procès-verbaux dressés en matière de contravention aux lois sur les poids et mesures et de se conformer aux art. 20, 21 et 139 C. inst. crim. Ord. 17 avril 1839, art. 43.

Police judiciaire. Le juge de paix exerce la police judiciaire sous l'autorité des Cours d'appel (C. instr. crim., art. 9). — Il a le droit de requérir dans ces fonctions la force publique (C. instr. crim., art. 25). — En cas de réquisition de la part d'un chef de maison et de flagrant délit, il a le droit de dresser les procès-verbaux, de recevoir les déclarations de témoins, de faire les visites et autres actes qui sont, dans ce cas, de la compétence du procureur de la République (C. instr. crim., art. 8, 9, 30 à 54, et 283). — Mais le juge de paix, procédant comme officier de police judiciaire, ne doit pas, hors les cas de flagrant délit, d'incendie ou de secours réclamés de l'intérieur des lycées, collèges et autres écoles publiques appartenant à l'Université, s'y introduire pour constater un corps de délit ou pour l'exécution de mandats d'amener ou d'arrêt dirigés contre les membres ou élèves de ces établissements, s'il n'en a l'autorisation spéciale et par écrit du procureur général ou de ses substituts (Décr. 15 nov. 1811. art. 157).—Le juge de paix peut, en cas de crimes ou délits commis dans les châteaux, maisons, palais nationaux et leurs dépendances, être requis de s'y transporter, par le gouverneur ou par celui auquel en appartient la surveillance, pour recevoir le prévenu ou les prévenus, qui lui seront remis s'ils sont arrêtés (Ord. 20 août 1817, art. 3).—Si le transport du magistrat avait lieu d'office, le gouverneur devrait l'assister et lui prêter main-forte en cas de besoin (*Id.*, art. 4).—Comme officier de police judiciaire, les juges de paix doivent faire tous les actes dont l'objet est de constater les crimes, mais ils ne peuvent procéder aux informations (Circ. minist. 4 mai 1816). —Ils ne peuvent conserver pendant vingt-quatre heures l'instruction des crimes capitaux toutes les fois que, dans l'intervalle, le parquet peut être informé (Décis. minist. 23 nov. 1824). — Soit qu'ils soient délégués, soit qu'ils agissent comme auxiliaires du Procureur de la République, les juges de paix doivent procéder conformément aux règles prescrites par le Code inst. crim., art. 29 et suiv., 48 et suiv. — Les juges de paix ne doivent se transporter sur les lieux que lorsqu'il y a présomption de crime (Circ. minist. 20 nov. 1829).— Lorsqu'ils se déplacent en vertu d'une délégation expresse du juge d'instruction, ils n'ont droit à une indemnité qu'autant qu'il existe une distance au moins de 5 kilomètres entre le lieu du départ et le chef-lieu de la commune dans laquelle ils doivent opérer, quelle que soit la partie de la commune où ils sont obligés de se rendre (Décis. 7 sept. 1813, modifiée Circ. minist. 25 nov. 1820). — Les actes et procès-verbaux dressés par les juges de paix comme officiers de police judiciaire, lors même qu'ils constateraient des délits ou crimes commis par des militaires, doivent être par eux adressés aux procureurs de la République, qui les transmettent à qui de droit (C. inst. crim., art. 60; C. just. militaire 9 juin 1817, art. 97). Voir *Militaires*. — Le premier devoir d'un juge de paix, en présence d'un crime flagrant, est d'informer le parquet. Il doit l'aviser soit par dépêche télégraphique, soit par estafette (A. Carré, CODE ANNOTÉ, p. 579). — Il procède aussi en vertu des commissions rogatoires. C. instr. crim., art. 83 à 86, 283, 303 et 304. Voir *Arbitraire, Commissions rogatoires, Détention, Légion d'honneur.*

Ports et rivages de la mer. Lorsque des cadavres sont trouvés, soit dans les ports, soit sur les rivages de la mer, les juges de paix, sur l'avis qui leur en est donné, doivent faire les diligences et poursuites nécessaires. L. 9-13 août 1791, art. 11.

Postulation. Les perquisitions pour découverte de faits de postulation illicite doivent être faites en présence du juge de paix. L. 27 vent. an VIII, art. 94; Décr. 19 juill. 1810, art. 4.

Présence du juge de paix. Les gardes champêtres peuvent amener devant le juge de paix tout individu qu'ils auront surpris en flagrant délit ou qui sera dénoncé par la clameur publique, lorsque ce délit emportera la peine de l'emprisonnement (C. instr. crim., art. 16). — Les employés de la régie qui arrêtent un fraudeur de tabac, doivent le conduire devant le juge de paix, qui statue de suite sur son emprisonnement ou sur sa mise en liberté (L. 28 avril 1816, art. 224). — Lorsqu'un Anglais est arrêté et conduit dans un port français, en exécution des articles 64, 65 et 66 du règlement général du 23 juin 1853 sur les pêcheries, dans les mers situées entre les côtes de France et celles du royaume-uni de la Grande-Bretagne et d'Irlande, il doit être conduit devant le juge de paix du canton, qui constate l'infraction et procède conformément aux dispositions de l'article 69 du C. d'instr. crim. (L. 23 juin-2 juill. 1846, art. 13). — Quiconque est prévenu de recevoir des mises ou de distribuer des billets pour les loteries étrangères ou particulières, ou de tenir la banque pour lesdites loteries, de louer ou prêter un local pour le tirage de ces loteries, doit être conduit devant le juge de paix, qui interroge le prévenu, entend les témoins, réunit les pièces à conviction, fait toute perquisition qu'il croit utile et renvoie le tout au parquet (L. 9 germ. an VI, art. 1er, 2 et 3). —Les huissiers, gendarmes, gardiens, concierges, geôliers et tous autres préposés à la conduite ou à la garde des individus mis en arrestation, détenus ou condamnés, doivent, en cas d'évasion de ceux-ci, être immédiatement conduits par tout officier de police judiciaire qui aura eu connaissance de l'évasion devant le juge de paix, pour y fournir toute explication nécessaire. — Le juge lancera immédiatement un mandat d'arrêt contre eux, s'ils ne sont pas arrêtés. L. 4 vendém. an V, art. 5. Voir *Délinquants inconnus, Douanes, Perquisitions, Postulation, Roulage, Saisie-exécution.*

Prise sur les ennemis de l'État. Le juge de paix, à l'arrivée d'une prise dans les rades de l'État, instruit l'affaire dans les vingt-quatre heures de la remise des pièces, pose les scellés, fait les inventaires nécessaires et envoie tous les documents qu'il a pu réunir, dans les deux jours, au juge compétent. L. 5 brum. an II, art. 7 et 13.

Procès-verbaux. Le juge de paix reçoit l'affirmation des procès-verbaux des agents ci-dessous désignés :

Agents des douanes. Matière des douanes (L. 9 flor. an VII, tit. IV, art. 9; L. 4 complément.

an X, art. 6). — Taxe du sel (L. 28 avril 1806, art. 57). — Police du roulage (L. 30 mai 1851, art. 18). — Police des embarcations maritimes et rôles d'équipages (Décr. 19 mars 1852, art. 9). — Police de la pêche du hareng (Déc. 28 mars-16 avril 1852, art. 10).—Police de la pêche cotière (Décr. 1er fév. 1852, art. 16 et 17; L. 4 août-14 sept. 1872, art. 2). — Police de la pêche fluviale (L. 31 mai-8 juin 1865, art. 2).

Agents forestiers. Pour la police du roulage. L. 30 mai 1851, art. 15 et 18.

Agents de la marine, autres que ceux ayant rang d'officiers. Pour les contraventions à la police de la pêche du hareng. Décr. 28 mars-16 avril 1852, art. 9 et 10.

Agents municipaux spécialement assermentés. Contraventions à la police de la pêche côtière. Décr. 1er fév. 1852, art. 16 et 17; L. 14 août-14 sept. 1872, art. 2). — Police de la pêche fluviale. L. 31 mai-8 juin 1865, art. 11.

Agents spéciaux de surveillance des télégraphes. L. 27 sept. 1851-10 janv. 1852, art. 11.

Agents spéciaux de surveillance des appareils et bateaux à vapeur. L. 21 juill. 1856, art. 22.

Agents spéciaux de surveillance et gardes assermentés des chemins de fer. L. 15-21 juill. 1845, art. 24.

Agents de surveillance spécialement assermentés des sources minérales. Contraventions à la police des sources minérales. L. 14 juill. 1856, art. 16.

Agents voyers. Pour les contraventions de roulage (L. 30 mai 1851, art. 15 et 18). — Pour les contraventions sur les appareils à vapeur. L. 21 juill. 1856, art. 22.

Cantonniers chefs. Police de roulage (L. 30 mai 1851, art. 18) : — et de grande voirie. L. 23-30 mars 1842, art. 2; Décr. 18 août 1810 ; L. 29 flor. an X.

Capitaines et lieutenants de port. Pour contraventions à la police des ports. L. 9-13 août 1791, art. 17.

Commissaires de police. Pour la police du roulage. L. 30 mai 1851, art. 15 et 18.

Conducteurs des carrières de pierres de taille de la Gironde. Ord. 2 déc. 1844-24 janv. 1845, art. 40.

Conducteurs de mines. Police des mines et carrières. Décr. 3 janv. 1813, art. 10, et décrets postérieurs.

Conducteurs de ponts et chaussées. Pour contraventions de grande voirie (Décr. 18 août 1810, art. 2). — Police forestière (C. forest., art. 143 et 165). — Police du roulage (L. 30 mai 1851, art. 18). — Appareils et bateaux à vapeur. L. 21 juill. 1856, art. 22.

Eclusiers. Police de la pêche fluviale. L. 15-24 avril 1829, art. 36 et 42.

Employés des poids et mesures. Pour la police du roulage. L. 30 mai 1851, art. 15 et 18.

Employés du service des ponts et chaussées et des chemins vicinaux, commissionnés pour la police du roulage. L. 30 mai 1851, art. 15 et 18.

Employés du service de la navigation. Police de la navigation (L. 14 brum. an VII, art. 26). — Police des bacs et bateaux (Arr. 8 prair. an XI, art. 26). — Police des ponts (Décr. 1er germ. an XIII, art. 46). — Contraventions de grande voirie (Décr. 18 août 1810, art. 2). — Police des appareils et bateaux à vapeur. L. 21 juill. 1856, art. 22.

Gardes d'artillerie. L. 22 juin 1854, art. 4; Décr. 10 août 1853, art. 40.

Gardes de batterie. Pour les contraventions à la police des servitudes militaires. L. 21 mai 1858; L. 22 juin 1854, art. 4.

Gardes-bois des communes et des établissements publics. Contraventions forestières. Décr. 19-25 déc. 1790, art. 1er; C. forest., art. 99 et 165.

Gardes de canaux. Police de la pêche fluviale. L. 15-24 avril 1829, art. 36 et 42; L. 31 mai-8 juin 1865, art. 11.

Gardes champêtres (Décr. 15-29 sept. 1791, tit. IV, art 7; 23 therm. an IV, art. 1er). — Police rurale (L. 28 flor. an X, art. 11). — Pêche fluviale (L. 15 avril 1829, art. 44; L. 31 mai-8 juin 1865, art. 11). — Police de la chasse (L. 3 mai 1844, art. 24). — Police du roulage (L. 30 mai

1851, art. 15 et 18).— Police forestière. C. forest., art. 188, modifié par la loi du 18 juin 1859.

Gardes des chemins de fer. L. 21 juill. 1845, art. 24.

Gardes forestiers. Police forestière (L. 15-29 sept. 1791, tit. VI, art. 7; C. forest., art. 87, 88, 89, 99 et 165). — Police de la chasse (L. 3 mai 1844, art. 24).—Police du roulage. L. 30 mai 1851, art. 15 et 18.

Gardes du génie militaire. Décr. 16 août-14 oct. 1853, art. 40.

Gardes jurés de la marine. Contraventions à la police de la pêche côtière (Décr. 9 janv.-1er févr. 1852, art. 16 et 17). — Police de la pêche fluviale. L. 31 mai-8 juin 1865, art. 11.

Gardes maritimes. Contraventions à la police de la pêche côtière (Décr. 9 janv.-1er févr. 1852, art. 16 et 17). — Contraventions à la police des embarcations maritimes et aux rôles d'équipage (Décr. 19 mars-16 avril 1852, art. 7 et 9). — Contraventions à la police de la navigation au bornage. Décr. 20 mars 1852, art. 8.

Gardes-mines. Contraventions à la police des mines et carrières (Décr. 3 janv. 1813, art. 10, et décrets postérieurs). — Contraventions à la police des appareils à vapeur (L. 21-26 juill. 1856, art. 21 et 22; Décr. 25 janv.-18 févr. 1865, art. 29). — Police des sources minérales. L. 14 juill. 1856, art. 16.

Gardes du canal du Loing. Décr. 22 févr. 1813, art. 48.

Gardes particuliers et *gardes-chasse*. Police rurale (L. 28 flor. an X, art. 11). — Police forestière (C. forest., art. 165 et 189). — Police de la chasse. L. 3 mai 1844, art. 24.

Gardes-pêche. Police de la pêche fluviale (L. 15 avril 1829, art. 44). — Police de la chasse. L. 3 mai 1844, art. 24.

Gardes-ports. Contraventions à la police des ports sur les voies flottables ou navigables du bassin de la Seine. Décr. 21 août - 6 sept. 1852, art. 51 et 52.

Gardes et *inspecteurs des digues et chaussées du Rhône* (bayles et sous-bayles). — Décr. 15 mai 1813, art. 26.

Gardes des lignes télégraphiques. Décr. 27 déc. 1851, art. 11.

Gendarmes de la marine. Contraventions à la police de la pêche côtière (Décr. 9 janv.-1er févr. 1852, art. 16 et 17). — Contraventions à la police des embarcations maritimes et aux rôles d'équipages (Décr. 19 mars-16 avril 1852, art. 7 et 9). — Contraventions à la police de la navigation au bornage. Décr. 20 mars 1852, art. 8.

Ingénieurs des mines. Pour les contraventions à la police des mines (Décr. 3 janv. 1813, art. 10). — Pour les contraventions à la police des ardoisières (Ord. 7 mai-5 août 1840, art. 29). — Pour les contraventions à la police des carrières de gypse de la Nièvre (Ord. 7 mai-5 août 1840, art. 33). — Pour les contraventions à la police des carrières de pierres de taille et de moellons de la Gironde (Ord. 2 déc. 1844-24 janv. 1845, art. 40). — Pour les contraventions à la police des appareils à vapeur. L. 21-26 juill. 1856, art. 21 et 22.

Ingénieurs des ponts et chaussées. Pour les contraventions de grande voirie (L. 29 flor. an X, art. 2; Décr. 18 août 1810, art. 1). — Pour les contraventions à la police des ardoisières (Ord. 21 mai-25 juill. 1837, art. 25; L. 29 flor. an X, art. 2). — Contraventions à la police des appareils à vapeur. L. 21-26 juill. 1856, art. 21 et 22; Décr. 25 janv.-18 févr. 1865, art. 29.

Maires. Pour les contraventions à la police des ardoisières (Ord. 21 mai-25 juill. 1837, art. 25, comb. avec L. 20 flor. an X, art. 2; Ord. 7 mai-5 août 1840, art. 29). — Pour les contraventions à la police des carrières de gypse de la Nièvre (Ord. 7 mai-5 août 1840, art. 33). — Police des mines (Décr. 3 janv. 1813, art. 10). — Police du roulage. L. 30 mai 1851, art. 15 et 18.

Maîtres, contre-maîtres et aides contre-maîtres assermentés de la marine. C. forest., art. 34 et 165.

Piqueurs des ponts et chaussées. Pour contraventions de grande voirie (L. 23-30 mars 1842, art. 2; L. 29 flor. an X, art. 2). — Contraventions à la police du roulage (L. 30 mai 1851, art. 18). —

Appareils et bateaux à vapeur. L. 21-26 juill. 1856, art. 22.

Portiers, concierges de bâtiments militaires. Décr. 16 sep.. 1811, art. 19.

Préposés de l'administration des contributions indirectes. Pour les matières faisant l'objet de contributions indirectes (Décr. 1er germ. an XIII, art. 25). — Taxe du sel (L. 24 avril 1806, art. 57). — Poudres et salpêtres (Décr. 16 mars 1813, art. 3). — Police du roulage (L. 30 mai 1851, art. 18). — Police des timbres sur les marques commerciales (L. 26 nov. 1873, art. 4; Décr. 1er germ. an XIII, art. 25). — Police de la pêche côtière (Décr. 14 août-14 sept. 1872; Décr. 1er févr. 1852, art. 16 et 17). — Police de la pêche fluviale. L. 31 mai-8 juin 1865, art. 11.

Préposés des octrois. Pour les matières d'octroi (L. 27 frim. an VIII, art. 8). — Contraventions de grande voirie (Décr. 18 août 1810, art. 1 et 2). — Police du roulage (L. 30 mai 1851, art. 18). — Police de la navigation intérieure (Arr. 8 prair. an XI, art. 26). — Police de la pêche côtière (Décr. 1er févr. 1852, art. 16 et 17; L. 14 août-14 sept. 1872, art. 2). — Police de la pêche fluviale. L. 31 mai-8 juin 1865, art. 11.

Prud'hommes pêcheurs. Contraventions à la police de la pêche côtière (Décr. 9 janv.-1er févr. 1852, art. 16 et 17). — Police de la pêche fluviale. L. 31 mai-8 juin 1865, art. 11.

Syndics des gens de mer. Contraventions à la police de la pêche côtière (Décr. 9 janv.-1er févr. 1852, art. 16 et 17). — Police de la pêche fluviale (L. 31 mai-8 juin 1865, art. 11).— Contraventions à la police des embarcations maritimes, et aux rôles des équipages (Décr. 19 mars 1852, art. 7 et 9). — Contraventions à la police de la navigation au bornage. Décr. 20 mars 1852, art. 8.

Voyers souterrains. Contraventions à la police des ardoisières. Ord. 7 mai-5 août 1840, art. 29. Voir *Affirmation, Commerce maritime.*

Les agents suivants n'ont pas à affirmer devant les juges de paix les procès-verbaux qu'ils dressent dans les matières suivantes :

Agents de la garantie des matières d'or et d'argent. L. 19 brum. an VI ; Cass., 26 avril 1809.

Agents forestiers du grade d'inspecteur et sous-inspecteur, gardes généraux et gardes à cheval des forêts. Pour les contraventions forestières. C. for., art. 166.

Agents voyers. Contraventions de petite voirie. L. 21 mai 1836, art. 11; Cass., 29 nov. 1851.

Cantonniers. Police des routes et entretien des plantations. Décr. 16 déc. 1811 art. 112.

Commissaires de police, maires, adjoints, en matière de contraventions ordinaires. C. instr., art. 11.

Employés des poids et mesures. Contraventions au système des poids et mesures. Ord. 17 avril 1839, art. 41.

Gardes champêtres. Entretien des routes (Décr. 16 déc. 1811, art. 112; Règlement des chemins vicinaux du 21 juill. 1854, art. 383). — Contraventions aux règlements de police municipale et contraventions prévues par le Code pénal (L. 24 mai-24 juill. 1867, art. 20). — Contraventions à la police des boissons. L. 21 juin 1873, art. 2.

Gardes-rivières. Contraventions à la police des rivières. Cass., 23 mars 1838.

Gendarmes. Contraventions en toute matière. L. 17 juill. 1856.

Propriété des auteurs. Voir *Saisie*.

Purge hypothécaire. Le Crédit foncier doit, en cas où un emprunteur est tuteur d'un mineur ou d'un interdit, au moment de l'emprunt, signifier au juge de paix du lieu dans lequel la tutelle s'est ouverte l'extrait de l'acte constitutif de l'hypothèque. L. 10-15 juin 1852, art. 23.

Récolement. Le juge de paix fait le récolement et la vérification mensuelle des feuilles d'audience, des registres, des minutes et des actes des greffes de sa justice de paix et en transmet l'état de situation au procureur de la République (Ord. 5 nov. 1823). — Ce récolement et cette vérification doivent être faits au greffe même de la justice de paix; car il n'est pas permis de déplacer ni les minutes, ni les actes du greffe (Circ. minist. 23 déc. 1822). — Dans les villes où il y a plusieurs justices de paix, la vérification des mi-

15.

nutes du tribunal de simple police doit être faite par le juge de paix de service, ou par l'un des juges de paix, qui ne serait pas de service, spécialement délégué par le procureur de la République. Circ. minist. 11 mars 1824.

Reconnaissance d'enfants naturels. Les juges de paix peuvent recevoir les actes de reconnaissance d'enfants naturels. C. civ., art. 334.

Registres des actes de société. Le juge de paix cote, parafe et vérifie le registre que les greffiers doivent tenir en exécution de la loi du 24 juill. 1875, art. 55. Ord. 6 juill. 1832; Ord. 5 nov. 1823.

Registres des avertissements. Le juge de paix doit se faire remettre chaque mois un extrait de ce registre et, après en avoir vérifié l'exactitude, le certifie et l'envoie au procureur de la République. L. 2 mai 1855; Circ. minist. 22 avril 1856. Voir *Cote et parafe*.

Registres des consignations. Le juge de paix vérifie et transmet tous les ans, au procureur de la République, le compte sommaire des consignations faites en matière de police, par les parties civiles. Ord. 28 juin 1832, art. 5. Voir *Cote et parafe*.

Registres de l'état civil. Voir *Actes de l'état civil*.

Registres de l'enregistrement. Voir *Ordonnances*.

Registres des inventaires du mobilier de la justice de paix. Si le greffier est constitué gardien du mobilier de la justice de paix, il doit tenir registre des inventaires annuels de ce mobilier, et le juge de paix doit vérifier mensuellement la tenue de ce registre. Décr. 30 juill. 1853, art. 2; Ord. 5 nov. 1823; Ord. 6 juill. 1832. Voir *Cote et parafe.*

Registres de mise au rôle. Le juge de paix vérifie le registre de mise au rôle tenu en exécution de la loi du 16 nov. 1875. Circ. de la régie, 9 déc. 1875; Circ. minist. 16 déc. 1875. Voir *Cote et parafe.*

Registres des nourrices. Le juge de paix vérifie tous les ans les registres qui doivent être tenus dans chaque mairie pour recevoir les déclarations des nourrices, gardeuses, sevreuses et parents d'enfants. Il fait un rapport annuel au procureur de la République sur cette vérification. L. 23 déc. 1874, art. 10. Voir *Cote et parafe.*

Registres ou livres tenus par les médecins inspecteurs des nourrices et gardeuses d'enfants. Le juge de paix est chargé de vérifier ces registres et de faire chaque année un rapport au procureur de la République sur les résultats de cette vérification. Règlem. d'administr. publ. 27 fév. 1877, art. 40; Instr. minist. même date, art. 40.

Registre des pourvois en cassation. Le juge de paix doit vérifier tous les mois le registre que les greffiers doivent tenir en exécution de l'art. 417 C. inst. crim. pour l'inscription des pourvois en cassation. Circ. du proc. gén. Paris 5 déc. 1875. Voir *Cote et parafe.*

Registres de la régie des contributions indirectes. Le juge de paix autorise les propriétaires, fermiers, expéditeurs et destinataires à prendre connaissance sur place des livres et registres de la régie. L. 2 août 1872, art. 8. Voir *Cote et parafe.*

Registres des recettes *ou des émoluments.* Le juge de paix vérifie tous les trois mois le registre que le greffier de paix doit tenir des sommes qu'il touche ; il y appose son visa et adresse un procès-verbal de la vérification au procureur de la République. Ord. 17 juill. 1823, art. 3. Voir *Cote et parafe.*

Registres des ventes publiques des effets mobiliers. Les juges de paix vérifient les registres que doivent tenir les greffiers autorisés à faire des ventes publiques d'objets mobiliers. Décr. 2 déc. 1876, art. 2. Voir *Cote et parafe.*

Réhabilitation des condamnés. Le juge de paix du lieu où a demeuré un condamné doit donner son avis sur les demandes de réhabilitation et approuver les attestations de bonne conduite que ce dernier doit rapporter pour être admis à se faire réhabiliter. C. instr. crim., art. 620 ; Circ. minist. 17 mars 1853.

Répertoires des greffiers. Les greffiers de justice de paix doivent tenir des répertoires cotés et parafés par les juges de paix, sur lesquels ils inscrivent, jour par jour, les dates des actes, leur nature, celle des procès-verbaux et des jugements faits et rendus, avec les noms des citoyens qui y sont portés (L. 26 frim. an IV, art. 4). — Les répertoires doivent, de plus, être clos chaque année par le juge de paix (Arr. 28 brum. an VI, art. 5). — Le juge de paix doit coter et parafer les répertoires des greffiers et les vérifier mensuellement. Ord. 3 nov. 1825.

Réunions publiques. Très souvent les juges de paix ont été délégués par les préfets pour assister aux réunions publiques ; ils devaient faire un rapport. Mais nous croyons que les juges de paix, en vertu des circulaires des 23 fév. 1870 et 15 juin 1871, n'auront plus à remplir cette mission.

Roulage. Le juge de paix procède, en présence des préposés de la régie de l'enregistrement et des entrepreneurs de messagerie et de roulage, à l'ouverture et l'inventaire des ballots, malles, caisses, paquets, confiés à des entrepreneurs de roulage et de messagerie et qui n'ont pas été réclamés dans le délai de six mois. Décr. 13 août 1810, art. 3.

Saisie. Les juges de paix peuvent donner mainlevée des objets saisis par les agents forestiers sur les délinquants à la charge du payement des frais de séquestre, moyennant une bonne et valable caution. C. for., art. 168. Voir *Douanes*, ***Fils de laine et de coton.***

Saisie des ouvrages contrefaits. A la requête des auteurs d'écrits en tous genres, compositeurs de musique, peintres et dessinateurs et leurs héritiers ou cessionnaires, dans les lieux où il n'y a pas de commissaires de police, le juge de paix doit assister à la saisie des ouvrages contrefaits et a seul qualité pour verbaliser. L. 19 juill. 1793 et 25 prair. an III.

Saisie-arrêt ou opposition. Voir *Déclaration affirmative.*

Saisie-exécution. Le juge de paix doit être présent pour légitimer l'ouverture des portes trouvées fermées, dont on refuse l'entrée à l'huissier qui instrumente (C. proc. civ., art. 587).— Le juge de paix peut, sur la demande du saisissant, le propriétaire et le saisi entendus ou appelés, établir un gérant à l'exploitation de biens tenus à bail par le saisi. C. proc. civ., art. 594.

Saisie foraine. Voir *Ordonnances.*

Scellés. Le juge de paix est chargé de faire les appositions et les levées de scellés lorsqu'il y a lieu. C. proc. civ., art. 907 et suiv.

Cas où il y a lieu à apposition de scellés :

Absence. En cas d'absence constatée. Arg. des auteurs, art. 911.

Archevêques, évêques, curés, desservants. Après

le décès des archevêques, évêques, curés et des desservants, les scellés doivent être mis d'office sur les biens qu'ils détiennent à ces titres. Décr. 6 nov. 1813, art. 37, 16 et 18.

Commerçant disparu. Les scellés doivent être apposés sur les facultés de tout négociant disparu. C. comm., art. 455.

Conjoint absent. Après le décès d'une personne dont le conjoint est absent. C. proc. civ., art. 911.

Défenseurs de la patrie. Le juge de paix doit apposer d'office les scellés sur les effets laissés par leur père et mère décédés et avertir immédiatement de cette apposition les chefs de corps d'armée et le ministre de la guerre. Décr. 11 vent. an II, art. 1er ; Décr. 16 fruct. an II, art. 1er.

Dépositaire public. C. proc. civ., art. 911. — En cas où les scellés seraient apposés sur les effets et papiers de comptables de l'administration des douanes, les registres de l'année courante ne doivent pas être fermés sous les scellés, le juge doit se borner à arrêter et parafer lesdits registres et les remettre au préposé chargé de l'*intérim* (Décr. 6-22 août 1791, tit. XIII, art. 21 ; Déc. 1er germ. an XIII, art. 49).— Cette règle, spécialement édictée dans l'intérêt de l'administration des douanes, doit être généralisée et appliquée à tous les comptables de l'État.— En général, le juge de paix appelé à apposer les scelles sur les effets particuliers d'un comptable de l'État ne doit s'immiscer en rien dans la reconnaissance des objets appartenant à l'État, ni prendre aucune mesure qui puisse gêner ou entraver le service de l'État. Règl. minist. marine 30 nov. 1857 ; Règl. minist. guerre 2 mars 1872.

Disparition d'actif. Le juge de paix appose d'office les scellés avant déclaration de faillite chez un négociant, lorsqu'il y a disparition d'actif.

Faillite. Lorsqu'un négociant tombe en faillite, les scellés sont mis sur ses facultés mobilières. C. comm., art. 457 et 479.

Héritier absent. Après le décès de ceux dont les héritiers ne sont pas présents sur les lieux. C. proc. civ., art. 911.

Ingénieurs des mines. Au décès d'un ingénieur des mines, en activité de service, les scellés doivent être apposés et ne peuvent être levés qu'en présence d'un ingénieur délégué par le directeur général des mines. Décr. 19 nov. 1810, art. 90.

Interdit. Lorsque quelqu'un décède laissant pour héritier un interdit. Arg. des auteurs.

Mineurs. Lorsque l'héritier du défunt est un mineur sans tuteur. C. proc., art. 911.

Mise en accusation. L'administration peut, afin d'assurer le recouvrement des frais dans l'intérêt de l'État, requérir l'apposition des scellés sur les biens des individus mis en accusation. Décis. minist. 21 flor. an VIII; Circ. enreg. 21 fruct. an X; Dalloz, Répertoire, *Scellés*.

Notaire. Au décès d'un notaire, les scellés sont apposés sur les minutes et répertoires de l'étude. L. 25 vent. an XI, art. 61.

Officiers ministériels aliénés. Les scellés doivent être apposés sur l'étude et les papiers de tout officier ministériel frappé d'aliénation mentale. Lettre proc. gén. Paris 9 et 13 juin 1855.

Officiers généraux ou supérieurs, de toute arme, inspecteurs aux revues, officiers de santé en chef des armées, retirés ou en activité; après leur décès. Arr. 13 niv. an X, art. 1er.

Officiers et militaires. Après leur décès. Instr. minist. de la guerre, 15 nov. 1809, art. 123.

Palais nationaux. Formes dans lesquelles il doit y être procédé à l'apposition des scellés, quand il y a besoin. Ord. 25 août 1817, art. 2.; Ord. 25 avr. 1820, art. 7.

Prises maritimes faites sur l'ennemi, à la réquisition de tout agent des douanes ou de la marine, après l'arrivée des bâtiments de prises dans les ports de l'Etat. Arr. 5 prair. an V, art. 2 et 3; L. 5 brum. an IV, art. 7.

Réquisition. Les scellés doivent être apposés à la réquisition de tout prétendant droit à la succession ou à la communauté; de tous créanciers autorisés en titre exécutoire, ou ayant une permission, soit du président, soit du juge de paix; en cas d'absence des maîtres, à la réquisition même des domestiques (C. proc. civ., art. 909 et

910), et à la réquisition des commissaires de marine au décès des officiers de marine dans le port de leur résidence. Ord. 3-18 janv. 1833, art. 19. Voir *Prise*.

Saisie-exécution. Les scellés doivent être apposés, en matière de saisie-exécution, sur les papiers trouvés au domicile du saisi absent. C. proc. civ., art. 587 et 591.

Séparation de corps. Il y a lieu à scellés. C. civ., art. 270, 306, 307 et 311.

Séparation de biens. Argument tiré de l'art. 869, C. proc. civ.

Le juge de paix doit informer le parquet quand, en apposant les scellés, il découvre des presses, caractères et ustensiles d'imprimerie (Circ. minist. 13 juill. 1824). — Il doit toujours faire une description sommaire des effets placés en évidence et en donner copie au gardien (Circ. parquet Seine 6 nov. 1871). — S'il ne trouve aucun effet mobilier, il dresse un procès-verbal de carence (C. proc. civ., art. 924). — Les juges de paix doivent informer, aussitôt qu'ils en ont connaissance, les consuls les plus rapprochés de leur résidence, du décès de leurs nationaux, afin que, si cela est possible, les agents étrangers puissent prendre part à l'apposition des scellés, ou que du moins ils soient avertis de l'ouverture de la succession avant l'expiration des délais, pour faire inventaire et délibérer. Circ. minist. 19 juin 1847; Circ.

30 déc. 1862. Voir *Héritiers inconnus*, *Testament*.

Serment. Le juge de paix reçoit le serment des fonctionnaires suivants :

Agents des concessionnaires du monopole des allumettes. L. 15 mars 1873, art. 5.

Buralistes tenant les bureaux de la régie. Inst. minist. 17 janv. 1817.

Débitants de tabacs et de poudre. Décis. minist. 30 nov. 1816 ; Circ. 16 avril 1817 ; Circ. 8 fév. 1859.

Employés de la régie. L. 1er germ. an XIII, art. 20.

Éprouveurs d'armes à feu portatives. L. 1er juin 1790, art. 6; Décr. 30 avril-mai 1856, art. 24 ; Décr. 22 avril-18 juin 1868, art. 8 ; Décr. 19 juin-9 août 1865, art. 8.

Experts chargés de priser les meubles de la communauté ou de la succession qui doivent être inventoriés. C. proc. civ., art. 935.

Experts choisis par le subrogé tuteur pour priser les meubles du mineur, conservés par les père et mère survivants. C. civ., art. 453.

Experts commis en matière d'enregistrement quand les immeubles sont situés dans le ressort de plusieurs tribunaux. L. 15 nov. 1808, art. 1er.

Experts nommés par le juge de paix pour une vérification quelconque. C. proc. civ., art 305.

Experts commis par un tribunal qui ordonne

que leur serment sera reçu par le juge de paix. C. proc. civ., art. 305, 956, 971 et 1035.

Experts commis pour constater l'état des pertes et dommages lors du déchargement d'un navire. C. comm., art. 414.

Experts chargés de constater à bref délai les vices rédhibitoires des animaux domestiques. L. 20-26 mai 1838, art. 5.

Fonctionnaires qui, tenus de prêter serment devant le tribunal de première instance, ne résident pas dans le lieu où siége le tribunal. L. 16 therm. an IV, art. 1er.

Gardes champêtres des communes, lorsqu'ils ne sont pas chargés de la garde de bois. L. 28 sept.-6 oct. 1791, tit. I, sect. VII, art. 5; Décr. 5 avril 1852. (Les gardes chargés de surveiller les bois et les gardes particuliers prêtent serment devant le tribunal civil.)

Gardes du canal du Midi. L. 21 vendém. an V, art. 23.

Gardes-ventes ou facteurs dans les bois et forêts. C. forest., art. 31.

Greffiers et commis-greffiers. Décr. 5 avril 1852.

Médecins attachés à l'administration. Décr. 9 nov. 1853, art. 30; Décr. 10 août 1868, art. 29.

Octroi (Préposés de l'). Ord. 8-13 déc. 1814, art. 35.

Postes. Directeurs, directrices, facteurs et autres

employés. Décr. 26-29 août 1790, art. 2 ; Décis. 28 oct., 1844.

Préposés au pesage, mesurage et jaugeage publics. Arr. 7 brum. an IX, art. 2.

Régie des contributions indirectes. Les préposés de la régie prêtent serment devant le juge de paix. L. 1er germ. an XIII, art. 20.

Receveurs de l'enregistrement qui ne résident pas dans une ville où il y a un tribunal de première instance. L. 16 therm. an IV, art. 1er.

Suppléants des notaires et officiers ministériels appelés sous les drapeaux. L. 14 août 1870, art. 1er.

Syndics de la pêche et leurs adjoints. Ord. 14 août 1816, art. 28, 30, 31.

Signature. Dans le cas où le juge de paix agit comme officier de police auxiliaire du procureur de la République, dans les cas de flagrant délit ou de réquisition du chef de maison, tous les procès-verbaux qu'il dresse et tous les actes faits par lui doivent être signés à chaque feuillet par lui et les personnes qui l'assistent (C. inst. crim., art. 42 et 49). — Dans les cas où le juge de paix se trouve, par suite de maladie, dans l'impossibilité de signer ses jugements. Voir *Signatures des minutes*, ci-dessus, p. 18. — Les juges de paix doivent, comme les magistrats de l'ordre judiciaire, veiller à ce que les actes qui sont soumis à leur surveillance soient écrits et signés lisiblement. Circ. 30 juill. 1850. Voir *Visa*.

Statistique. Les juges de paix font partie des commissions de statistique cantonales. Ils peuvent en avoir la présidence (Décr. 1er-28 juill. 1852, art. 12). — Les juges de paix, comme tous les présidents de tribunaux, doivent adresser annuellement à la chancellerie l'état de leurs travaux, soit civils, soit criminels, suivant des tableaux qui leur sont envoyés pour la rédaction de la statistique judiciaire officielle. Circ. 29 juin 1792.

Taxe. Le juge de paix taxe les frais des greffiers et des huissiers (Décr. 16 févr. 1807 ; L. 2 mai 1861 ; L. 23 août 1871 ; L. 29 déc. 1873 ; Décr. 30 sept. 1873). — Il taxe les témoins entendus devant lui, les experts, les frais de garde (Tarif civil, 16 fév. 1807, art. 24 et 8 ; Tarif crim., 18 juin 1811). — Il taxe aussi les frais de vente et de séquestre des animaux saisis pour délits forestiers. C. forest., art. 169.

Testament. Les juges de paix reçoivent exceptionnellement les testaments dans les lieux avec lesquels toute communication est interceptée par suite d'épidémie (C. civ., art. 985 et suiv.). — Le juge de paix qui, lors de l'apposition ou de la levée des scellés, trouve un testament ou autres papiers cachetés, doit dresser un procès-verbal, dans lequel il constate la forme extérieure, le sceau et la suscription s'il y en a ; il parafe l'enveloppe avec les parties présentes et indique le jour et l'heure où le paquet sera par lui présenté, assisté de son greffier, au président du tribunal de première instance. C. proc., art. 916.

Titres au porteur. Voir *Légalisation*.

Tribunal maritime. Dans les ports de France et des colonies françaises, le juge de paix fait, à défaut de juge du tribunal de commerce, partie du tribunal commercial maritime. Décr. 24 mai 1852, art. 14.

Tutelle officieuse. Le juge de paix, assisté du greffier du domicile de l'enfant, dresse procès-verbal des demandes et consentements relatifs à cette tutelle. C. civ., art. 363.

Ventes. Voir *Ordonnances*.

Vérification. Voir *Livres de commerce*, *Récolement*, *Registres*.

Visa. Le juge de paix appose son visa sur :

Les états de frais des greffiers de justice de paix. Ord. 17 juill. 1825, art. 1er.

Les états de situation du greffe, avant de les envoyer au parquet. Voir *Etats*, *Récolement*.

Les inventaires du mobilier de la justice de paix annuellement, lorsqu'ils sont tenus par le greffier, qui les certifie dans le cas où ils sont les mêmes que les années précédentes. Décr. 20-30 juin 1853, art. 7.

Les originaux d'exploits signifiés à l'Etat, au Trésor public, aux administrations, aux établissements publics et aux communes, en cas d'absence ou de refus des personnes qui doivent les signer.

En ce cas, copie doit en être laissée au juge. C. proc., art. 69.

Les procès-verbaux et les rapports en matière de douanes, pour tenir lieu d'enregistrement, lorsqu'il n'existe pas de bureau dans la commune du dépôt des marchandises saisies, ni dans celle où siège le tribunal compétent pour connaître des contraventions. L. 9 flor. an VII, tit. IV, art. 9.

Les registres des aliénés. L. 30 juin 1838, art. 12.

Les certificats d'indigence délivrés pour faciliter le mariage des indigents, la légitimation de leurs enfants naturels ou le retrait de leurs enfants des hospices. L. 10 déc. 1850, art. 6. Voir *Caisse des retraites.*

Les mandats d'amener, de comparution, de dépôt ou d'arrêt des prévenus trouvés hors de l'arrondissement de l'officier qui a délivré le mandat. C. instr. crim., art. 98.

Les contraintes délivrées par les agents du fisc. Voir *Exécutoire.*

Les dépêches télégraphiques, pour constater, s'il en est requis, la sincérité de la signature des déposants. Décr. 17-23 juin 1852, art. 5; Décr. 27 mai 1867, art. 6, § 2.

Visite des manufactures. Les juges de paix peuvent être désignés pour visiter et inspecter les manufactures dans lesquelles des enfants sont employés. L. 22-24 mars 1841, art. 10; L. 19 mars 1874, art. 20.

Visite des écoles. Les juges de paix, comme membres ou comme présidents des délégations cantonales, ont la surveillance des établissements d'instruction primaire, et ils doivent les visiter au moins une fois par mois. Règl. d'admin. publ. 27 août 1850, art. 45.

Visite des établissements d'aliénés. Les juges de paix sont désignés au nombre des personnes que la loi charge du soin de visiter les établissements publics ou privés consacrés aux aliénés qui se trouvent dans leurs cantons. L. 30 juin 1838, art. 4. Voir *Aliénés*.

Usure. Comme tout juge civil, le juge de paix, devant lequel il est prouvé qu'un prêt conventionnel a été fait à un taux supérieur à celui fixé par la loi, doit imputer de plein droit, aux époques où elles auront été faites, les perceptions excessives sur les intérêts légaux échus et subsidiairement sur le capital. — Si la créance est éteinte en capital et intérêts, il doit ordonner la restitution des sommes indûment perçues, avec intérêts du jour où elles ont été payées (L. 19 déc. 1850, art. 1er). — Le jugement constatant un pareil fait doit être transmis dans le délai d'un mois par le greffier au ministère public, sous peine de 16 à 100 francs d'amende. *Ibid.*

FIN.

TABLE ALPHABÉTIQUE

DES MATIÈRES CONTENUES DANS L'AIDE-MÉMOIRE.

démarches qu'elle ne cesse de faire dans l'intérêt de la justice cantonale.

Le comité de rédaction compte actuellement parmi ses membres : MM. Alph. FRANÇOIS, O. ✠, conseiller d'État; F. HÉROLD, sénateur ; Paul PONT, O. ✠, conseiller à la Cour de cassation ; François SAINT-MAUR ✠, président de chambre à la Cour de Pau ; H. BERTAULD, ✠, sénateur ; H. GODART, avocat au Conseil d'état et à la Cour de cassation ; ROSTAING, juge au Tribunal de Vienne (Isère) ; GIRARDOT, juge de paix à Melun ; CARRÉ, juge de paix du 1er arrondissement de Paris ; BOULÉ, juge de paix à Saint-Germain en Laye (Seine-et-Oise) ; BONNIER, O. A., juge de paix à Roubaix (Nord), etc., etc. ; des magistrats de la Cour de cassation et de la Cour d'appel, et un grand nombre d'avocats du barreau de Paris et de professeurs des Facultés de droit.

BULLETIN SPÉCIAL

DES

DÉCISIONS DES JUGES DE PAIX

ET DES TRIBUNAUX DE SIMPLE POLICE

Par MM. Ch. MILLION et Alex. BEAUME
Avocats.

AVEC LA COLLABORATION DU COMITÉ DE RÉDACTION DES ANNALES

Un cahier par mois de deux feuilles grand in-8°

Prix pour la France : 8 francs par an franco
et pour l'étranger : 10 francs par an franco

Le *Bulletin spécial des décisions des justices de paix* a été fondé en 1859. Les nombreux abonnés qui le reçoivent ont depuis longtemps apprécié sa valeur juridique. La variété des espèces et les solutions intéressantes que l'on y rencontre le mettent d'ailleurs au rang des plus utiles publications de la science du droit.

Paris. — Typ. A. HENNUYER, rue d'Arcet, 7.

www.ingramcontent.com/pod-product-compliance
Ingram Content Group UK Ltd.
Pitfield, Milton Keynes, MK11 3LW, UK
UKHW031841260826
14628UKWH00002B/519

9 782013 049313